급제별 단기완성

맞춤법
절대 안 틀리는
받아쓰기

초등 **1·2** 학년

길벗스쿨

받아쓰기는 다른 사람이 말하거나 읽는 것을 듣고 맞춤법에 맞게 옮겨 쓰는 일로, 글자를 배우고 난 뒤 읽기에서 쓰기로 넘어갈 때 맞춤법 교정을 위한 단계입니다. 글을 쓸 때 정확하고 유창하게 쓰기 위해서 꼭 필요한 연습 과정이라고 할 수 있습니다.

예전에는 초등학교 1학년이 되면 학교에서 받아쓰기를 하는 것이 보편적이었지만, 2015 개정 교육 과정으로 넘어오면서 받아쓰기가 없어지거나 축소되는 추세였습니다. 그러나 요즘 다시 받아쓰기를 중요하게 다루는 학교가 늘고 있습니다. 교육 과정상 1학년 때에는 받아쓰기를 하지 않더라도 2학년 때부터 받아쓰기를 하는 학교가 많고, 초등 고학년 때 받아쓰기를 하는 학교도 있습니다. 심지어 국어 시간에 받아쓰기를 하는 중학교도 있습니다.

 ## 왜 받아쓰기가 중요할까요?

아이들은 초등학교에 입학하면서 자연스럽게 한글 쓰기를 시작합니다. 한글을 뗀 아이라면 '가족', '친구' 등과 같이 글자와 소리가 같은 낱말은 쉽게 익히고 쓸 수 있습니다. 그러나 '얼음[어름]', '맛있다[마싣따]' 등과 같이 글자와 소리가 다른 낱말은 어떻게 써야 할지 헷갈릴 수 있습니다.

이런 일이 반복되다 보면 쓰는 것에 자신감을 잃게 됩니다. 글을 쓰다가 멈칫멈칫하는 일이 잦아지고, 결국 내 생각을 효과적으로 표현하기 힘들어집니다. 학년이 올라가 서술형 논술형 문제를 풀 때 맞춤법이 틀려 답이 틀리는 경우가 생길 수도 있습니다.

초등 저학년은 맞춤법과 띄어쓰기를 집중적으로 배우는 시기로, 받아쓰기를 통해 잘못 알고 있는 부분을 교정할 수 있습니다. 맞춤법과 띄어쓰기를 한번 잘못 익히면 평생 잘못 쓸 수 있기 때문에 한글 학습을 완성해 가는 초등 저학년 때 받아쓰기 연습을 충분히 해야 합니다. 학년이 올라가고 어른이 된다고 해서 맞춤법과 띄어쓰기 실력이 저절로 좋아지지 않습니다.

받아쓰기는 글자와 소리가 다른 맞춤법과 띄어쓰기를 익히는 데 가장 좋은 학습 방법입니다. 또한 받아쓰기를 하면서 글씨를 또박또박 쓰는 연습도 함께 할 수 있습니다.

받아쓰기는 어떻게 공부해야 할까요?

처음 낱말을 받아쓸 때에는 한 글자 한 글자 소리 내어 적을 것입니다. 그러나 우리말에는 글자와 소리가 다른 낱말도 있기 때문에 소리 나는 대로 쓰면 틀릴 수 있습니다. 따라서 우리말을 제대로 읽고 쓰기 위해서는 맞춤법을 아는 것이 중요합니다.

그런데 이제 막 한글을 배우기 시작하는 아이들에게 맞춤법 규정을 알려 주면 잘 이해할 수 있을까요? 아마 받아쓰기하는 것을 무척 싫어하게 될 것입니다. 따라서 글자와 소리가 다른 까닭을 알려 주는 수준으로 맞춤법 규정을 다루고, 글자와 소리가 다른 다양한 예를 보여 주며 많은 낱말을 익히게 하는 것이 효과적입니다.

그것과 함께 꼭 병행해야 하는 것은 책 읽기입니다. 평소 책을 가까이 하는 대부분의 아이는 맞춤법을 자연스럽게 익히기 때문에 받아쓰기도 잘합니다.

기적특강 『맞춤법 절대 안 틀리는 받아쓰기』로 공부하면 어떤 점이 좋을까요?

학교에서 하는 받아쓰기는 급수표에 있는 문장만 달달 외우면 백점을 맞을 수 있습니다. 그러나 그것만으로는 부족합니다.

이 책은 많이 나오지만 자주 틀리는 낱말과 문장을 맞춤법 규정에 따라 나누어 놓고 다양한 낱말을 반복해서 읽고 쓰면서 학습할 수 있도록 구성했습니다. 어려운 맞춤법 규정을 기적쌤의 재미있는 멘트로 가볍게 이해할 수 있고, 특급 비법을 통해 헷갈리기 쉬운 말과 외워서 쓰는 말을 저절로 익힐 수 있습니다.

또 여러 권으로 구성된 다른 교재들과 달리 한 권으로 구성하여 꼭 알아야 할 내용만 단기간에 학습할 수 있습니다.

모쪼록 아이들이 이 책을 통해 받아쓰기를 충분히 재미있게 연습하여 맞춤법은 물론 학교생활에 자신감을 가질 수 있기를 바랍니다.

2022년 12월
기적학습연구소 국어팀 일동

1. 받아쓰기 시험에 많이 나오지만 자주 틀리는 낱말, 헷갈리는 낱말을 중심으로 구성하였습니다.
2. 기적쌤의 찐소리 특강에 주목하세요. 받아쓰기를 잘하는 비법, 몹시 헷갈리는 낱말을 확실하게 구별하는 비법을 알려 줍니다.
3. 기본적인 맞춤법 원리를 쉽고 재미있게 학습할 수 있습니다.

1 준비 학습

띄어쓰기, 문장 부호

받아쓰기를 할 때 꼭 알아 두어야 할 띄어쓰기와 문장 부호에 대해 학습합니다.

2 본책

1단 구분해

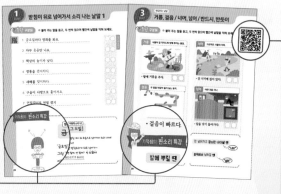

일단, 학습 목표에 해당하는 낱말이 들어간 대표 문장들을 소리 내어 읽어 보면서 낱말의 소리와 뜻을 구분해 봅니다.

기적쌤의 찐소리 특강

· 기적쌤이 받아쓰기 잘하는 비법을 소개합니다.
· 헷갈리는 낱말, 외워야 하는 낱말을 재미있게 기억하는 방법을 소개합니다.

2단 반복해

대표 낱말들을 여러 번 반복하여 써 보면서 주요 낱말들을 익혀 봅니다.

· 스마트폰으로 QR 코드를 찍어 받아쓰기할 내용을 들으면서 해 보세요.
· 길벗스쿨 홈페이지 (https://school.gilbut.co.kr)에서도 MP3 파일을 내려받을 수 있습니다.

난, 기적쌤이야.
보기보다 친절하지.
날 믿고 따라와 주겠니?
시작해 보자꾸나.

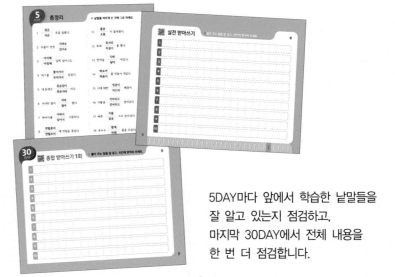

총정리

5DAY마다 앞에서 학습한 낱말들을
잘 알고 있는지 점검하고,
마지막 30DAY에서 전체 내용을
한 번 더 점검합니다.

3단 연습해

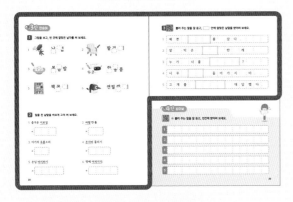

1단과 2단에서 학습한 낱말들을 다양한 유형의
문제를 통해 듣고 쓰는 연습을 합니다.

4단 받아써

1단에서 연습한 대표 문장을 실제
받아쓰기 시험처럼 받아써 봅니다.

3 정답

• 학부모를 위한 맞춤법 특강(알기 쉬운 맞춤법 원리 제공)

 **차례**

학습 계획표

공부한 날짜	
1 DAY	/
2 DAY	/
3 DAY	/
4 DAY	/
5 DAY	/
6 DAY	/
7 DAY	/
8 DAY	/
9 DAY	/
10 DAY	/
11 DAY	/
12 DAY	/
13 DAY	/
14 DAY	/
15 DAY	/
16 DAY	/
17 DAY	/
18 DAY	/
19 DAY	/
20 DAY	/
21 DAY	/
22 DAY	/
23 DAY	/
24 DAY	/
25 DAY	/
26 DAY	/
27 DAY	/
28 DAY	/
29 DAY	/
30 DAY	/

기적특강 『맞춤법 절대 안 틀리는 받아쓰기』로 공부 계획을 세워 보자.
계획 세우는 게 어려운 친구는 공부를 먼저 하고 공부한 날짜를 적어도 좋아.
내가 오늘 무엇을 배웠는지 간단하게라도 써 두면 더 오래 기억할 수 있지.
30일 동안 얼마나 공부를 열심히 했는지 기록으로 남겨 보는 거야.

✿ 꼭 기억해 두면 좋은 내용 써 두기 ✿

띄어쓰기

문장 부호

1~5 DAY

6~10 DAY

11~15 DAY

16~20 DAY

21~25 DAY

26~30 DAY

준비 학습

받아쓰기 학습 전에 반드시 알아야 할
띄어쓰기와 문장 부호

띄어쓰기와 문장 부호에 따라
문장의 뜻이 달라지기 때문에
반드시 알고 가야 해.

띄어쓰기

아버지가 ∨ 방에 ∨ 들어가신다.	vs	아버지 ∨ 가방에 ∨ 들어가신다.

문장 부호

뜻이 달라요?	vs	뜻이 달라요.

글자또박또박쓰기 → 글자∨또박또박∨쓰기

'글자'와 '또박또박', '쓰기'는 각각 뜻을 가진 낱말이야.

문장을 쓸 때 왼쪽처럼 낱말과 낱말 사이를 띄어 쓰지 않으면 무슨 뜻인지 알기 어렵지.

따라서 오른쪽처럼 낱말과 낱말 사이는 띄어 써야 해.

1 띄어쓰기를 바르게 한 것에 ○표 하세요.

1 ㉠ | 엄 | 마 | 목 | 소 | 리 |
( )

   ㉡ | 엄 | 마 | | 목 | 소 | 리 |
( )

2 ㉠ | 어 | 디 | | 가 | 니 | ? |
( )

   ㉡ | 어 | 디 | 가 | | 니 | ? |
( )

3 ㉠ | 사 | 진 | | 찍 | 자. |
( )

   ㉡ | 사 | 진 | | 찍 | | 자. |
( )

4 ㉠ | 나 | 발 | | 아 | 파. |
( )

   ㉡ | 나 | | 발 | | 아 | 파. |
( )

2 다음 문장을 띄어쓰기에 맞게 고쳐 쓰세요.

지금너무졸려.

→ | | | | | | | | | | |

> ### 나는 우유를 좋아해요.

'나' 뒤에 있는 '는'과 '우유' 뒤에 있는 '를'은 앞말에 붙여 썼어.

앞말을 도와주는 말이기 때문에 혼자 쓰일 수 없거든.

이처럼 '은/는, 이/가, 을/를, 과/와, 에, 의, 으로, 까지' 등은 앞말에 붙여 써야 해.

1 띄어쓰기를 바르게 한 것에 ○표 하세요.

1 ㉠ | 방 | 이 | | 좁 | 다. |
( )

㉡ | 방 | 이 | | 좁 | 다 | . |
( )

2 ㉠ | 집 | 에 | | 가 | 자 | . |
( )

㉡ | 집 | | 에 | | 가 | 자. |
( )

3 ㉠ | 나 | | 의 | | 책 | 상 |
( )

㉡ | 나 | 의 | | 책 | 상 |
( )

4 ㉠ | 사 | 과 | 와 | | 배 |
( )

㉡ | 사 | 과 | | 와 | | 배 |
( )

2 다음 문장을 띄어쓰기에 맞게 고쳐 쓰세요.

우리는버스를탔어요.

➜ | | | | | | | | | | | | | | | |

11

3. 꾸며 주는 말 띄어쓰기

작은V집　　　신나게V놀아요.

'작은'과 '신나게'는 뒤에 오는 말을 꾸며 주어 그 뜻을 자세하게 해 주는 말이야.
이와 같은 말을 '꾸며 주는 말'이라고 해. '집'과 '놀아요'는 꾸밈을 받는 말이지.
꾸며 주는 말과 꾸밈을 받는 말 사이는 띄어 써야 해.

1 띄어쓰기를 바르게 한 것에 ○표 하세요.

1 ㉠ | 빨 | 간 | 사 | 과 |
（　　）

㉡ | 빨 | 간 | | 사 | 과 |
（　　）

2 ㉠ | 엉 | 엉 | | 울 | 다 | . |
（　　）

㉡ | 엉 | 엉 | 울 | 다 | . |
（　　）

3 ㉠ | 빨 | 리 | | 달 | 려 | 요. |
（　　）

㉡ | 빨 | 리 | 달 | 려 | 요 | . |
（　　）

4 ㉠ | 너 | 무 | 기 | 쁘 | 다 | . |
（　　）

㉡ | 너 | 무 | | 기 | 쁘 | 다 | . |
（　　）

2 다음 문장을 띄어쓰기에 맞게 고쳐 쓰세요.

새신발을샀어요.

➜ | | | | | | | | | | | |

| 학생 두∨명 | 책 세∨권 |

'명'은 사람의 수를 세는 단위이고, '권'은 책의 수를 세는 단위야.

이와 같은 '개, 마리, 송이, 그루' 등을 '단위를 나타내는 말'이라고 하지.

기억해! 수를 나타내는 말과 단위를 나타내는 말 사이는 띄어 써야 해.

1 띄어쓰기를 바르게 한 것에 ○표 하세요.

1 ㉠ | 과 | 자 | | | 한 | 개 | |
                  (   )

   ㉡ | 과 | 자 | | 한 | | | 개 |
                  (   )

2 ㉠ | 개 | | 네 | | 마 | 리 |
                  (   )

   ㉡ | 개 | | 네 | 마 | 리 | |
                  (   )

3 ㉠ | 꽃 | | 두 | | 송 | 이 |
                  (   )

   ㉡ | 꽃 | | | 두 | 송 | 이 |
                  (   )

4 ㉠ | 옷 | | 다 | 섯 | | 벌 |
                  (   )

   ㉡ | 옷 | | | 다 | 섯 | 벌 |
                  (   )

2 다음 문장을 띄어쓰기에 맞게 고쳐 쓰세요.

나무를세그루심었다.

→ | | | | | | | | | | | | | |

5. 혼자 쓰일 수 없는 말 띄어쓰기

먹을V것

할V수 있다.

'것'과 '수'는 앞에 꾸며 주는 말이 있어야 쓸 수 있는 말이야.

'데, 만큼, 지, 줄' 등도 마찬가지지.

이와 같은 말은 혼자 쓰일 수 없지만 하나의 낱말로 생각해서 앞말과 띄어 써야 해.

1 띄어쓰기를 바르게 한 것에 ○표 하세요.

1

㉠ | 거 | 기 | 는 | | 가 | | 본 | 데 | 야 | . | | | (   )

㉡ | 거 | 기 | 는 | | 가 | | 본 | | 데 | 야 | . | | (   )

2

㉠ | 먹 | 을 | | 만 | 큼 | 만 | | 덜 | 어 | 라 | . | (   )

㉡ | 먹 | 을 | 만 | 큼 | 만 | | 덜 | 어 | 라 | . | | (   )

3

㉠ | 시 | 작 | 한 | | 지 | | 오 | 래 | 됐 | 다 | . | (   )

㉡ | 시 | 작 | 한 | 지 | | 오 | 래 | 됐 | 다 | . | | (   )

2 다음 문장을 띄어쓰기에 맞게 고쳐 쓰세요.

비가내릴줄알았다.

→

.	비가 온다. 집에 가자.

이 문장 부호의 이름은 마침표야.

주로 어떤 내용을 설명하는 문장, 무엇을 함께 하자고 하거나 시키는 문장의 끝에 써.

,	언니, 이리 와. 사과, 배, 귤을 샀다.

이 문장 부호의 이름은 쉼표야.

사람을 부르거나 대답할 때 또는 이름이나 물건이 계속해서 나올 때 써.

1 문장 부호를 바르게 쓴 것에 ○표 하세요.

1 ㉠ | 집 | 에 | | 갔 | 다 | . |
( )

㉡ | 집 | 에 | | 갔 | 다 | , |
( )

2 ㉠ | 야 | | 비 | 켜 | . |
( )

㉡ | 야 | , | | 비 | 켜 | . |
( )

3 ㉠ | 네 | . | | 갈 | 게 | 요 | , |
( )

㉡ | 네 | , | | 갈 | 게 | 요 | . |
( )

2 다음 문장 부호를 빈칸에 알맞게 쓰세요.

| . | | , |

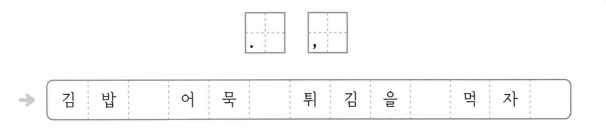

→ | 김 | 밥 | | 어 | 묵 | | 튀 | 김 | 을 | | 먹 | 자 |

15

2. 물음표(?), 느낌표(!)

?	밥 먹었니?	이 문장 부호의 이름은 물음표야. 묻는 문장의 끝에 써.
!	날씨가 참 좋구나!	이 문장 부호의 이름은 느낌표야. 느낌을 나타내는 문장의 끝에 써.

1 문장 부호를 바르게 쓴 것에 ○표 하세요.

1
㉠ 오 늘   숙 제 가   뭐 니 ?   (   )
㉡ 오 늘   숙 제 가   뭐 니 !   (   )

2
㉠ 넌   키 가   정 말   크 구 나 ?   (   )
㉡ 넌   키 가   정 말   크 구 나 !   (   )

3
㉠ 우 리   집 에   놀 러   올 래 ?   (   )
㉡ 우 리   집 에   놀 러   올 래 !   (   )

2 □ 안에 알맞은 문장 부호를 쓰세요.

1 너 는   몇   살 이 니 □

2 빵 이   참   맛 있 구 나 □

		동생이 말했다. "오빠, 일어나."	이 문장 부호의 이름은 큰따옴표야. 인물이 소리 내어 한 말을 적을 때 써.
'	'	나는 생각했다. '우산이 필요해.'	이 문장 부호의 이름은 작은따옴표야. 인물이 마음속으로 한 말을 적을 때 써.

1 문장 부호를 바르게 쓴 것에 ○표 하세요.

1 ㉠ 엄마가 소리치셨다.
   "얘들아, 빨리 와." (   )

   ㉡ 엄마가 소리치셨다.
   '얘들아, 빨리 와.' (   )

2 ㉠ 마음속으로 다짐했다.
   "꼭 일등할 거야." (   )

   ㉡ 마음속으로 다짐했다.
   '꼭 일등할 거야.' (   )

3 ㉠ 짝에게 물어보았다.
   "어제 영화 봤니?" (   )

   ㉡ 짝에게 물어보았다.
   '어제 영화 봤니?' (   )

2 ☐ 안에 들어갈 문장 부호를 빈칸에 알맞게 쓰세요.

1 민규가 나에게 화를 냈다.
   ☐ 너 참 못됐구나! ☐

2 나는 무지개를 보며 생각했다.
   ☐ 정말 아름답구나! ☐

맞춤법
절대 안 틀리는
받아쓰기

원래 받침을
살려 써야지.

기적쌤이
가르쳐 준 대로 써 보자.

1 DAY 받침이 뒤로 넘어가서 소리 나는 낱말 1

1단 구분해

✿ 불러 주는 말을 듣고, 두 번씩 읽으며 빨간색 낱말을 익혀 보세요.

1 **금요일**마다 영화를 봐요.

2 자꾸 **웃음**만 나요.

3 책상의 **높이**가 낮다.

4 깡통을 **걷어차다**.

5 새해를 **맞이하다**.

6 구슬이 사방으로 **흩어져요**.

7 **연필깎이**로 연필 깎기

읽고 색칠하기

기적쌤의 찐소리 특강

받침+모음		이렇게 소리 나!
금요일	→	[그묘일]

'금요일'을 읽어 봐. [그묘일]. 받침 ㅁ이 뒤 모음으로 넘어가서 소리 나네!

그럼 '목요일'은? [모교일]이겠지?

이처럼 받침이 모음을 만나면 받침소리가 뒤로 넘어가~

그렇다고 소리 나는 대로 쓰면 될까, 안 될까? 안 되겠지!

외쳐 보자! '받아쓰기'는 '바다쓰기'가 아니다!

1 DAY
2 DAY
3 DAY
4 DAY
5 DAY
6 DAY
7 DAY
8 DAY
9 DAY
10 DAY
11 DAY
12 DAY
13 DAY
14 DAY
15 DAY
16 DAY
17 DAY
18 DAY
19 DAY
20 DAY
21 DAY
22 DAY
23 DAY
24 DAY
25 DAY
26 DAY
27 DAY
28 DAY
29 DAY
30 DAY

2단 반복해

✿ 낱말을 또박또박 여러 번 써 보세요.

1 **낙엽** [나겹]

2 **밤알** [바:말]
⊕ 쌀알

3 **귀걸이** [귀거리]
⊕ 목걸이 / 팔걸이 / 옷걸이

4 **책꽂이** [책꼬지]
⊕ 연필꽂이 / 우산꽂이

5 **일요일** [이료일]
⊕ 월요일 / 목요일

6 **깊이** [기피]
⊕ 길이

7 **믿음** [미듬]
⊕ 울음 / 졸음 / 죽음

8 **들어가다** [드러가다]
㉾ 방으로 들어가다.

9 **끄덕이다** [끄더기다]
㉾ 고개를 끄덕이다.

10 **쫓아오다** [쪼차오다]
㉾ 경찰이 쫓아오다.

3단 연습해

1 그림을 보고, 빈 곳에 알맞은 낱자를 써 보세요.

1  나 [ ] 켭

2  팔 거 [ ]

3  보 [ ] 밥

4  하 [ ] 꿍 품

5  책 꼬 [ ]

6  연 필 깎 [ ]

2 밑줄 친 낱말을 바르게 고쳐 써 보세요.

1 즐거운 <u>이료일</u>

→ [   ]

2 <u>싸랄</u> 한 톨

→ [   ]

3 아기의 <u>우름</u>소리

→ [   ]

4 <u>손자비</u> 돌리기

→ [   ]

5 손님 <u>마지하기</u>

→ [   ]

6 땅에 <u>어퍼지다.</u>

→ [   ]

22

3 불러 주는 말을 잘 듣고, ☐ 안에 알맞은 낱말을 받아써 보세요.

1 예 쁜 ☐☐☐ 를 샀 다 .

2 잘 익 은 ☐☐ 한 개

3 누 가 너 를 ☐☐☐ ?

4 너 무 ☐☐ 들 어 가 지 마 .

5 고 개 를 ☐☐☐ 대 답 했 다 .

4단 받아써

✿ 불러 주는 말을 잘 듣고, 빈칸에 받아써 보세요.

1

2

3

4

5

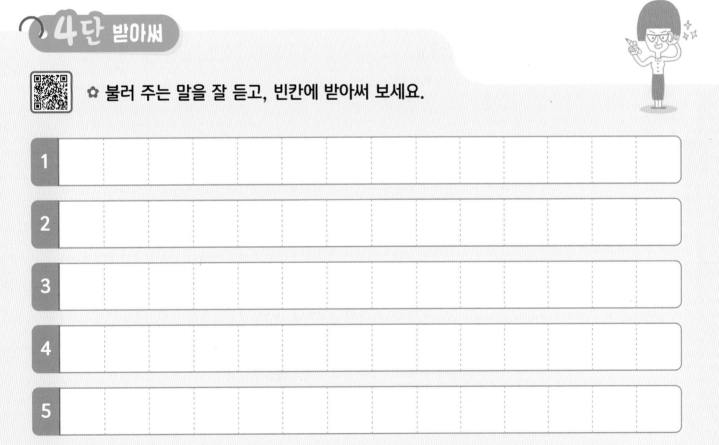

✿ 불러 주는 말을 듣고, 두 번씩 읽으며 빨간색 낱말을 익혀 보세요.

읽고 색칠하기

1 너는 이름이 뭐니?
　　　　↳ 이름+이

2 우리 저녁에 만나자.
　　　　↳ 저녁+에

3 아기가 젖을 먹는다.
　　　　↳ 젖+을

4 조용한 곳으로 가자.
　　　　↳ 곳+으로

5 아기를 꼭 안아요.
　　　　↳ 안(다)+아요

6 친구에게 받은 선물이다.
　　　　↳ 받(다)+은

7 동전이 구멍에 빠졌어요.
　　　　↳ 빠졌(다)+어요

기적쌤의 찐소리 특강

이름+이[이르미]　　　안(다)+아요[아나요]

또 받침이 모음을 만났군!

낱말 뒤에 '이'나 '을', '-아요' 등이 와도 *절대 변하지 않는 규칙!*
받침이 모음을 만나면 소리 나는 대로 쓰지 않는다.

받아쓸 때 받침이 뭔지 모르겠으면 어떤 소리가 뒤로 넘어갔는지 찾아내!

[저즐]은 ㅈ이 뒤로 넘어갔으니까 '젖을'

[고스로]는 ㅅ이 뒤로 넘어갔으니까 '곳으로'

1DAY
2DAY
3DAY
4DAY
5DAY
6DAY
7DAY
8DAY
9DAY
10DAY
11DAY
12DAY
13DAY
14DAY
15DAY
16DAY
17DAY
18DAY
19DAY
20DAY
21DAY
22DAY
23DAY
24DAY
25DAY
26DAY
27DAY
28DAY
29DAY
30DAY

2단 반복해

✿ 낱말을 또박또박 여러 번 써 보세요.

1 **밭으로** [바트로]
   ↳ 밭+으로
   ☐☐ 가요.   ☐☐ 가요.

2 **공원에** [공워네]
   ↳ 공원+에
   ☐☐ 있다.   ☐☐ 있다.

3 **부엌이** [부어키]
   ↳ 부엌+이
   ☐☐ 좁다.   ☐☐ 좁다.

4 **숯을** [수츨]
   ↳ 숯+을
   ☐ 피우다.   ☐ 피우다.

5 **곳에서** [고세서]
   ↳ 곳+에서
   시원한 ☐☐   시원한 ☐☐

6 **얼어서** [어러서]
   ↳ 얼(다)+어서
   물이 ☐☐   물이 ☐☐

7 **수줍은** [수주븐]
   ↳ 수줍(다)+은
   ☐☐ 미소   ☐☐ 미소

8 **꽂으니** [꼬즈니]
   ↳ 꽂(다)+으니
   꽃을 ☐☐   꽃을 ☐☐

9 **맡아요** [마타요]
   ↳ 맡(다)+아요
   냄새를 ☐☐ .   냄새를 ☐☐ .

10 **잤어요** [자써요]
   ↳ 잤(다)+어요
   잠을 ☐☐ .   잠을 ☐☐ .

1 낱말을 바르게 쓴 것에 ○표 하고, 빈칸에 다시 써 보세요.

1 강이 어렸다 얼었다 .

2 우산을 꼬자 꽂아 놓다.

3 지갑을 찾았다 차잤다 .

4 네가 가 본 고시니 곳이니 ?

5 바다에 빠졌어요 빠져써요 .

6 약속을 이저 잊어 버렸다.

2 밑줄 친 낱말을 바르게 고쳐 써 보세요.

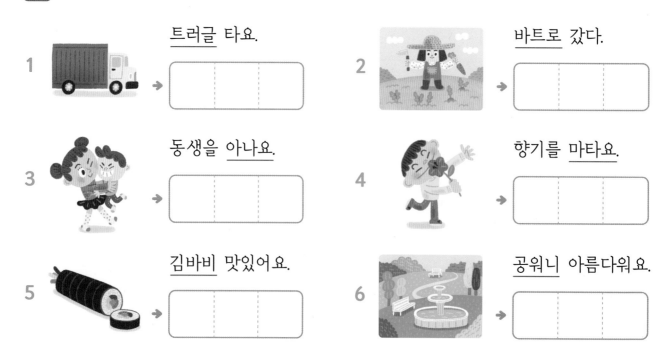

1 트러글 타요.

2 바트로 갔다.

3 동생을 아나요.

4 향기를 마타요.

5 김바비 맛있어요.

6 공워니 아름다워요.

3 불러 주는 말을 잘 듣고, ☐ 안에 알맞은 낱말을 받아써 보세요.

1 [   ] 요 리 를   한 다 .

2 [   ] 표 정 을   지 었 다 .

3 침 대 에 서   잠 을 [   ] .

4 [   ] 피 워   고 기 를   굽 는 다 .

5 물 이 [   ] 얼 음 이   됐 다 .

4단 받아써

✿ 불러 주는 말을 잘 듣고, 빈칸에 받아써 보세요.

1 [   ]

2 [   ]

3 [   ]

4 [   ]

5 [   ]

헷갈리는 낱말

거름, 걸음 / 너머, 넘어 / 반드시, 반듯이

1단 구분해 ✿ 불러 주는 말을 듣고, 두 번씩 읽으며 빨간색 낱말을 익혀 보세요.

거름 식물이 잘 자라도록 땅에 뿌리는 물질.

• 밭에 거름을 주다.

너머 가로막은 사물의 저쪽.

• 강 너머에 집이 있다.

걸음 두 발을 번갈아 옮겨 놓는 동작.

• 걸음이 빠르다.

넘어 어떤 것을 지나.

• 담을 넘어 들어가다.

기적쌤의 찐소리 특강

밭에 뿌릴 땐 → "거름"

발을 옮겨 놓을 땐 → "걸음"

안 넘어가고 장소만 나타낼 땐 → "너머"

움직여서 넘어갈 땐 → "넘어"

1 DAY
2 DAY
3 DAY
4 DAY
5 DAY
6 DAY
7 DAY
8 DAY
9 DAY
10 DAY
11 DAY
12 DAY
13 DAY
14 DAY
15 DAY
16 DAY
17 DAY
18 DAY
19 DAY
20 DAY
21 DAY
22 DAY
23 DAY
24 DAY
25 DAY
26 DAY
27 DAY
28 DAY
29 DAY
30 DAY

| 반드시 | 틀림없이 꼭. |

• 반드시 약속을 지키다. ☐ ☐

| 반듯이 | 흐트러지지 않고 바르게. |

• 의자에 반듯이 앉다. ☐ ☐

꼭 ﹍﹍ 옥 해야 할 땐
→ "반드시"

반듯반듯 바르게 할 땐
→ "반듯이"

2단 반복해

✿ 낱말을 또박또박 따라 써 보세요.

1 거 름 을 뿌리다.

2 걸 음 을 멈추다.

3 걸 음 을 끊다.

4 산 너 머 로 해가 진다.

5 줄을 넘 어 봐요.

6 열 시가 넘 어 졌다.

7 마흔이 넘 어 결혼했다.

8 반 드 시 숙제를 해라.

9 공책을 반 듯 이 놓다.

10 길이 반 듯 이 나다.

1 빈칸에 들어갈 알맞은 낱말을 골라 ○표 해 보세요.

1 자세를 [　　] 해라.

반드시　　반듯이

2 잠시 [　　]을 멈추었다.

거름　　걸음

3 산 [　　]로 달이 진다.

너머　　넘어

4 꽃밭에 [　　]을 뿌렸다.

거름　　걸음

5 앞에 있는 줄을 [　　] 봐요.

너머　　넘어

6 이 일은 [　　] 끝내야 한다.

반드시　　반듯이

2 다음 낱말 카드에서 빈칸에 들어갈 알맞은 낱말을 찾아 써넣어 보세요.

1 반드시　반듯이 [　　　] 시간에 맞춰 와라.

2 거름　걸음 관광객의 [　　　]이 끊이지 않았다.

3 너머　넘어 삼촌은 마흔이 [　　　]서 결혼했다.

4 반드시　반듯이 [　　　] 나 있는 길을 달렸다.

5 너머　넘어 창 [　　　]로 보이는 하늘이 예쁘다.

6 거름　걸음 나무가 잘 자라도록 [　　　]을 주었다.

3 불러 주는 말을 잘 듣고, ☐ 안에 알맞은 낱말을 받아써 보세요.

1 한 | | | 만 | 더 | 올 | 래 | ? |

2 몸 | 을 | | | 하 | 고 | 자 | 라 | . |

3 네 | 시 | 가 | | | 집 | 에 | 왔 | 다 | . |

4 밭 | 에 | 서 | | | 냄 | 새 | 가 | 난 | 다 | . |

5 언 | 덕 | | | 에 | 뭐 | 가 | 있 | 니 | ? |

4단 받아써

✿ 불러 주는 말을 잘 듣고, 빈칸에 받아써 보세요.

1

2

3

4

5

헷갈리는 낱말

다리다, 달이다 / 버리다, 벌이다 / 저리다, 절이다

1단 구분해 ✿ 불러 주는 말을 듣고, 두 번씩 읽으며 빨간색 낱말을 익혀 보세요.

다리다 다리미로 눌러 문지르다.

· 옷을 다리다. ☐ ☐

달이다 우러나거나 진하게 되도록 끓이다.

· 약을 달이다. ☐ ☐

버리다 필요 없는 것을 내던지거나 쏟다.

· 쓰레기를 버리다. ☐ ☐

벌이다 일을 시작하거나 펼치다.

· 잔치를 벌이다. ☐ ☐

기적쌤의 찐소리 특강

다리미로 다릴 땐
→ "다리다"

그릇이 달궈져 달일 땐
→ "달이다"

버린다고? ㄹ도 버려! 버릴 땐
→ "버리다"

벌인다고? 일이 커지겠군! ㄹ 넣어!
→ "벌이다"

'저리다'는 '가슴이나 마음이 못 견딜 정도로 아프다.'라는 뜻으로도 쓰여요.
예 마음이 <u>저리다</u>.

저리다 피가 잘 통하지 못하다.

• 다리가 저리다. ☐ ☐

절이다 소금, 설탕 등이 배어들게 하다.

• 배추를 소금에 절이다. ☐ ☐

팔 빼! 다리 빼! ㄹ 빼!
→ "저리다"

소금 넣어! 설탕 넣어! ㄹ 넣어!
→ "절이다"

1 DAY
2 DAY
3 DAY
4 DAY
5 DAY
6 DAY
7 DAY
8 DAY
9 DAY
10 DAY
11 DAY
12 DAY
13 DAY
14 DAY
15 DAY
16 DAY
17 DAY
18 DAY
19 DAY
20 DAY
21 DAY
22 DAY
23 DAY
24 DAY
25 DAY
26 DAY
27 DAY
28 DAY
29 DAY
30 DAY

2단 반복해

✿ 낱말을 또박또박 따라 써 보세요.

1 바지를 | 다 | 리 | 다 | .

2 보약을 | 달 | 이 | 다 | .

3 간장을 | 달 | 이 | 다 | .

4 남은 음식을 | 버 | 리 | 다 | .

5 나쁜 습관을 | 버 | 리 | 다 | .

6 사업을 | 벌 | 이 | 다 | .

7 싸움을 | 벌 | 이 | 다 | .

8 팔이 | 저 | 리 | 다 | .

9 가슴이 | 저 | 리 | 다 | .

10 꿀에 | 절 | 이 | 다 | .

1 빈칸에 들어갈 알맞은 낱말을 찾아 선으로 이어 보세요.

1   두 팔이 모두 (   ).   •

• 저리다
• 절이다

2   딸기를 설탕에 (   ).   •

• 저리다
• 절이다

3   다리미로 바지를 (   ).   •

• 다리다
• 달이다

4   먹고 남은 음식을 (   ).   •

• 버리다
• 벌이다

2 문장에 어울리는 낱말에 ○표 하고, 빈칸에 다시 써 보세요.

1 새로운 사업을   버렸다 │ 벌였다 .

2 보약을 정성껏   다렸다 │ 달였다 .

3 꿀에   저린 │ 절인   인삼을 먹었다.

4 거짓말하는 습관을   버려야 │ 벌여야   한다.

5 가슴이   저려서 │ 절여서   말을 할 수가 없다.

3 불러 주는 말을 잘 듣고, ☐ 안에 알맞은 낱말을 받아써 보세요.

1 | 싸 | 움 | 을 | | | | | | 마 | 라 | . |

2 | 구 | 겨 | 진 | | 치 | 마 | 를 | | | | . |

3 | 간 | 장 | 을 | | | | | | 중 | 이 | 에 | 요 | . |

4 | 끝 | 까 | 지 | | 기 | 대 | 를 | | | | 마 | . |

5 | 오 | 이 | 를 | | 식 | 초 | 에 | | | | 놓 | 다 | . |

4단 받아써

✿ 불러 주는 말을 잘 듣고, 빈칸에 받아써 보세요.

1

2

3

4

5

총정리

✿ 낱말을 바르게 쓴 것에 ○표 하세요.

1 젖은 / 저즌 옷을 말렸다.

2 우물이 엄청 기퍼요 / 깊어요 .

3 아치메 / 아침에 일찍 일어나요.

4 버스를 쫓아가서 / 쪼차가서 잡았다.

5 내 동생은 왼손잡이 / 왼손자비 이다.

6 서서히 발이 저려 / 절여 왔다.

7 반바지를 이버서 / 입어서 시원하다.

8 연필꽂이 / 연필꼬지 에 연필을 꽂았다.

9 친구들과 여러시 / 여럿이 함께 했다.

10 나쁜 버릇은 빨리 버려야 / 벌여야 해.

11 졸음 / 조름 이 몰려왔다.

12 목에 목거리 / 목걸이 를 했다.

13 한약을 다려 / 달여 먹었다.

14 떡보끼 / 떡볶이 를 만들어 먹었다.

15 너에 대한 믿음이 / 미드미 깨졌어.

16 이불을 거더차고 / 걷어차고 일어났다.

17 빠른 거름 / 걸음 으로 걸어갔다.

18 옥수수 밭에 / 바테 물을 주었다.

19 도둑이 담을 너머 / 넘어 들어왔다.

20 반드시 / 반듯이 세워진 컵을 쓰러뜨렸다.

실전 받아쓰기

날짜

✿ 불러 주는 말을 잘 듣고, 빈칸에 받아써 보세요.

1	2	3	4	5	6	7	8	9	10

1 DAY
2 DAY
3 DAY
4 DAY
5 DAY
6 DAY
7 DAY
8 DAY
9 DAY
10 DAY
11 DAY
12 DAY
13 DAY
14 DAY
15 DAY
16 DAY
17 DAY
18 DAY
19 DAY
20 DAY
21 DAY
22 DAY
23 DAY
24 DAY
25 DAY
26 DAY
27 DAY
28 DAY
29 DAY
30 DAY

6 DAY

ㅐ와 ㅔ를 구별해서 써야 하는 낱말

1단 구분해 ✿ 불러 주는 말을 듣고, 두 번씩 읽으며 빨간색 낱말을 익혀 보세요.

읽고 색칠하기

1 아침마다 체조를 해요.

2 지우개 좀 빌려줘.

3 게으른 농부가 있었다.

4 가운데 자리가 비었다.

5 몇 해 동안 친구를 못 만났다.

6 어제 술래잡기를 했어요.

7 비가 세차게 내렸다.

기적쌤의 찐소리 특강

에구

위에서 읽어 본 빨간색 낱말들은 모두 'ㅐ'나 'ㅔ'가 들어간 낱말이야.

그런데 '지우개'를 '지우게', '게으른'을 '개으른'이라고 잘못 쓰는 친구들이 있어.

'ㅐ'와 'ㅔ'는 소리가 비슷해서 구분하기 어렵기 때문이야.

'ㅐ'나 'ㅔ'가 쓰인 낱말이 나올 때마다

글자의 모양을 잘 살펴보고 외워~

1 DAY
2 DAY
3 DAY
4 DAY
5 DAY
6 DAY
7 DAY
8 DAY
9 DAY
10 DAY
11 DAY
12 DAY
13 DAY
14 DAY
15 DAY
16 DAY
17 DAY
18 DAY
19 DAY
20 DAY
21 DAY
22 DAY
23 DAY
24 DAY
25 DAY
26 DAY
27 DAY
28 DAY
29 DAY
30 DAY

2단 반복해

✿ 낱말을 또박또박 여러 번 써 보세요.

1 베개 [베개]
⊕ 마개 / 뒤집개 / 싸개

2 그제 [그제]
⊕ 엊그제

3 데려가다 [데려가다]
㉠ 아이를 데려가다.

4 새해 [새해]
⊕ 올해 / 이듬해 / 첫해

5 동네 [동ː네]

6 깨뜨리다 [깨뜨리다]
㉠ 그릇을 깨뜨리다.

7 헤어지다 [헤어지다]
㉠ 친구와 헤어지다.

8 수레 [수레]

9 마침내 [마침내]
⊕ 끝내

10 세모 [세ː모]
⊕ 네모

1 낱말을 바르게 쓴 것에 ◯표 하고, 빈칸에 다시 써 보세요.

1 새모
   세모

2 대려가다
   데려가다

3 새수
   세수

4 끝내
   끝네

5 올해
   올헤

6 수래
   수레

2 잘못 쓴 낱말에 밑줄을 긋고, 바르게 고쳐 써 보세요.

'ㅐ'와 'ㅔ' 중에서 어떤 모음자를 써야 할까?

1 마침네 고개를 들었다.

→

2 새헤 아침에 온 가족이 모였다.

→

3 허리 둘래를 재요.

→

4 마게와 뒤집개

→

5 엊그재 개나리가 피었다.

→

6 할머니께 새배를 했어요.

→

3 🔲 불러 주는 말을 잘 듣고, ▢ 안에 알맞은 낱말을 받아써 보세요.

1 | | | 좀 | | 꺼 | 내 | | 줄 | 래 | ? | | |

2 | | | 누 | 구 | 와 | | 놀 | 았 | 니 | ? | | |

3 | 유 | 리 | 창 | 을 | | | | 혼 | 났 | 다 | . |

4 | | | 한 | | 바 | 퀴 | | 돌 | 자 | . | |

5 | 벌 | 써 | | | | ? | | | | | | |

🎵 4단 받아써

  ✿ 불러 주는 말을 잘 듣고, 빈칸에 받아써 보세요.

1

2

3

4

5

헷갈리는 낱말

때다, 떼다 / 매다, 메다 / 배다, 베다

1단 구분해 ✿ 불러 주는 말을 듣고, 두 번씩 읽으며 빨간색 낱말을 익혀 보세요.

때다 불을 태우다.

• 불을 때다. ☐ ☐

떼다 붙어 있는 것을 떨어지게 하다.

• 책에 붙은 종이를 떼다. ☐ ☐

매다 끈이나 줄의 두 끝을 묶다.

• 신발 끈을 매다. ☐ ☐

메다 어깨에 걸치다.

• 새로 산 가방을 메다. ☐ ☐

기적쌤의 찐소리 특강

불을 태울 땐
↳ 아이 ㅐ "때다"

떨어지게 할 땐
↳ 어이 ㅔ "떼다"

끈이나 줄을 묶을 땐
↳ 아이 ㅐ "매다"

몸에 무엇을 걸칠 땐
↳ 어이 ㅔ "메다"

'베다'는 '베개 같은 것을 머리 아래에 두다.'라는 뜻으로도 쓰여요. 예 베개를 <u>베다</u>.

배다 스며들거나 스며 나오다.

• 옷에 냄새가 배다. ☐ ☐

베다 자르거나 끊다.

• 벼를 베다. ☐ ☐

스며들면 하나가 되니까

↳ ㅏ와 ㅣ가 붙은 ㅐ 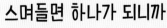 "배다"

자르거나 끊으면 두 개로 나뉘니까

↳ ㅓ와 ㅣ가 나뉜 ㅔ "베다"

1 DAY
2 DAY
3 DAY
4 DAY
5 DAY
6 DAY
7 DAY
8 DAY
9 DAY
10 DAY
11 DAY
12 DAY
13 DAY
14 DAY
15 DAY
16 DAY
17 DAY
18 DAY
19 DAY
20 DAY
21 DAY
22 DAY
23 DAY
24 DAY
25 DAY
26 DAY
27 DAY
28 DAY
29 DAY
30 DAY

2단 반복해

✿ 낱말을 또박또박 따라 써 보세요.

1 난로를 [때 다] .

2 스티커를 [떼 다] .

3 걸음을 [떼 다] .

4 넥타이를 [매 다] .

5 소를 나무에 [매 다] .

6 지게를 [메 다] .

7 땀이 [배 다] .

8 나무를 [베 다] .

9 손을 [베 다] .

10 무릎을 [베 다] .

1 문장에 어울리는 낱말에 ○표 해 보세요.

1 방에 불을   때다 ┆ 떼다   .

2 칼에 손을   배다 ┆ 베다   .

3 옷에 땀이   배다 ┆ 베다   .

4 공책에 붙어 있는 스티커를   때다 ┆ 떼다   .

5 총각은 지게를   매고 ┆ 메고   산으로 갔다.

6 아빠는 멋진 넥타이를   매고 ┆ 메고   계셨다.

2 다음 낱말 카드에서 빈칸에 들어갈 알맞은 낱말을 찾아 써넣어 보세요.

1   배다   베다   낫으로 풀을 [   ] .

2   배고   베고   베개를 [   ] 누워라.

3   매었다   메었다   고양이가 그려진 가방을 [   ] .

4   매어   메어   염소를 나무에 [   ] 놓았다.

5   때었다   떼었다   옷에 붙어 있는 상표를 [   ] .

3 불러 주는 말을 잘 듣고, ☐ 안에 알맞은 낱말을 받아써 보세요.

1 | 칼 | 에 | | 손 | 을 | | | | | | | . | | | | | | |

2 | 바 | 닥 | 에 | | 붙 | 은 | | 껌 | 을 | | | | | . | | | |

3 | 구 | 두 | 끈 | 을 | | 고 | 쳐 | | | | | | | | | | . |

4 | 꽃 | 향 | 기 | 가 | | 방 | 에 | | | | 있 | 다 | . | | | |

5 | 어 | 깨 | 에 | | 보 | 따 | 리 | 를 | | | | | . | | | |

4단 받아써

✿ 불러 주는 말을 잘 듣고, 빈칸에 받아써 보세요.

1

2

3

4

5

8 DAY

ㅐ와 ㅔ를 구별해서 써야 하는 낱말

1단 구분해

✿ 불러 주는 말을 듣고, 두 번씩 읽으며 빨간색 낱말을 익혀 보세요.

읽고 색칠하기

1 차례를 지키자.

2 형은 예의가 바르다.

3 얘가 내 동생이야.

4 시계를 보니 열 시였다.

5 할머니는 얘기를 재미있게 하신다.

6 은혜를 잊지 않겠습니다.

7 폐품으로 만든 인형이야?

기적쌤의 찐소리 특강

'ㅐ'와 'ㅔ'도 소리가 비슷해.

그래서 들어도 구분하기가 힘들지. 하지만 방법이 있어!

'ㅐ'가 들어간 낱말은 많지 않으니 잘 외워 둬.

사람을 가리킬 때 쓰는 (얘), (걔), (쟤)

그리고 '이야기'를 줄인 말인 (얘기)가 'ㅐ'가 쓰인 낱말이야.

'얘'는 '이 아이',
'걔'는 '그 아이',
'쟤'는 '저 아이'를
줄인 말이야.

2단 반복해

✿ 낱말을 또박또박 여러 번 써 보세요.

1 **계획** [계:획]
⊕ 계획표

2 **모래시계** [모래시계]
⊕ 손목시계 / 벽시계

3 **계단** [계단]
⊕ 돌계단

4 **경례** [경:녜]

5 **체중계** [체중계]
⊕ 체온계 / 온도계

6 **걔** [걔]
⊕ 쟤

7 **지폐** [지폐]
⊕ 화폐

8 **지혜** [지혜]

9 **계절** [계:절]
⊕ 사계절

10 **차례차례** [차례차례]
⊕ 수차례 / 한차례

1 DAY
2 DAY
3 DAY
4 DAY
5 DAY
6 DAY
7 DAY
8 DAY
9 DAY
10 DAY
11 DAY
12 DAY
13 DAY
14 DAY
15 DAY
16 DAY
17 DAY
18 DAY
19 DAY
20 DAY
21 DAY
22 DAY
23 DAY
24 DAY
25 DAY
26 DAY
27 DAY
28 DAY
29 DAY
30 DAY

⊙ 3단 연습해

1 그림을 보고, 빈 곳에 알맞은 낱자를 써 보세요.

1  체중ㄱ☐ 에 올라가요.

2 경ㄹ☐ 를 해요.

3  ㅈ☐ 가 술래야.

4 ㅊㄹ☐ 를 지켜요.

5 지ㅍ☐ 를 주웠어요.

6 모래시ㄱ☐ 세우기

2 밑줄 친 낱말을 바르게 고쳐 써 보세요.

1 책을 <u>게속</u> 읽었다.

➜ _____

2 <u>개획</u>대로 실천해요.

➜ _____

3 <u>걔단</u>으로 올라가자.

➜ _____

4 <u>한차레</u> 비가 왔어요.

➜ _____

5 <u>얘절</u>을 지켜야 해요.

➜ _____

6 날짜를 <u>개산하다</u>.

➜ _____

3 불러 주는 말을 잘 듣고, ☐ 안에 알맞은 낱말을 받아써 보세요.

1 조 상 들 의 [   ] 를 본 받 자 .

2 [ ] 도 파 란 색 을 좋 아 해 .

3 어 떤 [   ] 이 제 일 좋 아 ?

4 내 [   ] 들 고 있 니 ?

5 [   ] 줄 을 서 세 요 .

4단 받아써

 ✿ 불러 주는 말을 잘 듣고, 빈칸에 받아써 보세요.

1 [   ]

2 [   ]

3 [   ]

4 [   ]

5 [   ]

ㅙ, ㅚ, ㅞ를 구별해서 써야 하는 낱말

1단 구분해

✿ 불러 주는 말을 듣고, 두 번씩 읽으며 빨간색 낱말을 익혀 보세요.

읽고 색칠하기

1 기분이 상쾌해요.

2 왼쪽에 있는 문

3 구멍 난 양말을 꿰매요.

4 꽹과리를 쳐요.

5 저 할머니는 구두쇠야.

6 자연을 훼손하지 말자.

7 팽이가 회전을 해요.

기적쌤의 찐소리 특강

왼쪽, 꿰매요,
꽹과리, 구두쇠…….
많이 읽어 보면 알 수 있어.

위에서 읽어 본 빨간색 낱말들을 아무리 들어 봐도
'ㅙ', 'ㅚ', 'ㅞ' 소리를 구분하기는 쉽지 않아.
그! 러! 니! 까!
'ㅙ', 'ㅚ', 'ㅞ'가 들어간 낱말은 많이 읽어 보고 눈으로 기억하기!
머릿속에도 기억하기!

1 DAY
2 DAY
3 DAY
4 DAY
5 DAY
6 DAY
7 DAY
8 DAY
9 DAY
10 DAY
11 DAY
12 DAY
13 DAY
14 DAY
15 DAY
16 DAY
17 DAY
18 DAY
19 DAY
20 DAY
21 DAY
22 DAY
23 DAY
24 DAY
25 DAY
26 DAY
27 DAY
28 DAY
29 DAY
30 DAY

2단 반복해

✿ **낱말을 또박또박 여러 번 써 보세요.**

1 **유쾌하다** [유쾌하다]

⊕ 불쾌하다

2 **꿰뚫다** [꿰ː뚤타]

예 과녁을 <u>꿰뚫다</u>.

3 **외아들** [외아들]

⊕ 외톨이 / 외눈

4 **왜냐하면** [왜냐하면]

5 **회전문** [회전문]

⊕ 회전목마 / 회전의자 / 우회전

6 **스웨터** [스웨터]

7 **왼손** [왼ː손]

⊕ 왼발 / 왼팔

8 **괘씸하다** [괘씸하다]

예 친구의 행동이 <u>괘씸하다</u>.

9 **훼방** [훼ː방]

⊕ 훼방꾼

10 **열쇠** [열ː쐬]

⊕ 열쇠고리

1 낱말을 바르게 쓴 것에 색칠하고, 빈칸에 다시 써 보세요.

1	홰전문	회전문	훼전문
2	유쾌하다	유쾨하다	유퀘하다
3	괘씸하다	괴씸하다	궤씸하다
4	스왜터	스외터	스웨터
5	후홰	후회	후훼
6	참왜	참외	참웨

2 밑줄 친 낱말을 바르게 고쳐 써 보세요.

1 <u>열쇄</u>를 찾았어요.

→

2 <u>꾓과리</u>를 신나게 쳐요.

→

3 <u>왜톨이</u>가 되었어요.

→

4 <u>괴짝</u> 뒤에 숨어서

→

5 우리 <u>웨삼촌</u>이야.

→

6 <u>왠쪽</u>에 앉으세요.

→

3 불러 주는 말을 잘 듣고, ☐ 안에 알맞은 낱말을 받아써 보세요.

1 | 동 | 생 | 이 | | | | 을 | | 놓 | 아 | 서 | | |

2 | 너 | 는 | | | | 이 | 니 | ? | | | | |

3 | | | | | 늦 | 잠 | 을 | | 잤 | 거 | 든 | . |

4 | | | 을 | | 앞 | 으 | 로 | | 내 | 밀 | 어 | | 봐 | . |

5 | 화 | 살 | 이 | | 과 | 녁 | 을 | | | | . | |

4단 받아써

✿ 불러 주는 말을 잘 듣고, 빈칸에 받아써 보세요.

1

2

3

4

5

✿ 낱말을 바르게 쓴 것에 〇표 하세요.

1 놀이터에 동생을 대려갔다 / 데려갔다 .

2 손목시게 / 손목시계 를 찼어요.

3 사거리에서 우회전 / 우홰전 하세요.

4 열쇠고리 / 열쇄고리 좀 갖다 줄래?

5 도화지에 내모 / 네모 를 그렸다.

6 장작을 때다 / 떼다 .

7 병의 마개 / 마게 를 열었다.

8 문화재를 회손하지 / 훼손하지 맙시다.

9 왠발 / 왼발 로 공을 찼다.

10 차레 / 차례 를 지키자.

11 바람이 무척 상쾨하네 / 상쾌하네 .

12 도깨비 예기 / 얘기 를 해 줄까?

13 운동을 안 한 것이 후홰 / 후회 가 된다.

14 끝내 / 끝네 범인을 잡았다.

15 지게를 매고 / 메고 산에 갔다.

16 덧셈을 걔산해 / 계산해 보자.

17 예 / 애 는 누구니?

18 준비 채조 / 체조 를 하자.

19 운동장 둘래 / 둘레 에 꽃을 심었다.

20 엄마가 아끼는 꽃병을 깨뜨렸어요 / 께뜨렸어요 .

실전 받아쓰기

✿ 불러 주는 말을 잘 듣고, 빈칸에 받아써 보세요.

점

1	2	3	4	5	6	7	8	9	10

1DAY
2DAY
3DAY
4DAY
5DAY
6DAY
7DAY
8DAY
9DAY
10DAY
11DAY
12DAY
13DAY
14DAY
15DAY
16DAY
17DAY
18DAY
19DAY
20DAY
21DAY
22DAY
23DAY
24DAY
25DAY
26DAY
27DAY
28DAY
29DAY
30DAY

받침이 [ㄱ]으로 소리 나는 낱말

1단 구분해

✿ 불러 주는 말을 듣고, 두 번씩 읽으며 빨간색 낱말을 익혀 보세요.

1 어두운 색 신발만 신어요.

2 생선이 썩고 있다.

3 부엌 청소를 했어요.

4 서녘 하늘이 아름답구나!

5 교실 밖 상황은 어때?

6 어려움을 겪고 있다.

7 리본 묶기는 어려워.

읽고 색칠하기

기적쌤의 찐소리 특강

다른 받침, 같은 소리!

| 색[색] | 부엌[부억] | 밖[박] |

'색'의 받침 ㄱ도, '부엌'의 받침 ㅋ도, '밖'의 받침 ㄲ도 [ㄱ]으로 소리 나네.
'부엌'과 '밖'처럼 ㄱ 받침이 아닌데 [ㄱ]으로 소리 나는 낱말이 있어.
그. 러. 니. 까.
글자랑 소리가 다른 받침은 소리 나는 대로 쓰면 안 돼~~

소리 나는 대로 쓰면 틀려! 틀린다고!!!

◯ 2단 반복해 ✿ 낱말을 또박또박 여러 번 써 보세요.

1DAY
2DAY
3DAY
4DAY
5DAY
6DAY
7DAY
8DAY
9DAY
10DAY
11DAY
12DAY
13DAY
14DAY
15DAY
16DAY
17DAY
18DAY
19DAY
20DAY
21DAY
22DAY
23DAY
24DAY
25DAY
26DAY
27DAY
28DAY
29DAY
30DAY

1 기억 [기억]

2 색깔 [색깔]
⊕ 색칠 / 색종이

3 동녘 [동녘]
⊕ 북녘 / 남녘

4 새벽녘 [새병녁]

5 안팎 [안팍]

6 창밖 [창박]
⊕ 문밖

7 꺾다 [꺽따]
㉠ 꽃을 꺾다.

8 섞다 [석따]
㉠ 재료를 섞다.

9 낚다 [낙따]
㉠ 고기를 낚다.

10 닦다 [닥따]
㉠ 이를 닦다.

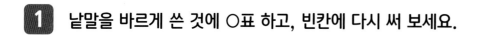

1 낱말을 바르게 쓴 것에 ○표 하고, 빈칸에 다시 써 보세요.

1
문박
문밖

2
남녘
남녁

3
낙시
낚시

4
닥다
닦다

5
들녁
들녘

6
색깔
색깔

2 잘못 쓴 낱말에 밑줄을 긋고, 바르게 고쳐 써 보세요.

1 막대를 껵다.

→

2 쌀에 콩을 석다.

→

3 죽을 쏟아서 닥고 있다.

→

4 새벽녁까지 창박 바라보기

→

5 부엌에서 음식이 썪고 있다.

→

6 기억이 나지 않아 어려움을 격고 있다.

→

58

3 불러 주는 말을 잘 듣고, ☐ 안에 알맞은 낱말을 받아서 보세요.

1　집　|　|　|　|　|　둘｜러｜보｜기｜　|　|　|　|

2　자｜기｜　전｜에｜　이｜　|　|　|

3　|　|　|　부｜터｜　일｜을｜　한｜다｜.

4　물｜고｜기｜　한｜　마｜리｜를｜　|　|　.

5　행｜복｜했｜던｜　|　|　도｜　떠｜오｜른｜다｜.

🔵 4단 받아써

 ✿ 불러 주는 말을 잘 듣고, 빈칸에 받아서 보세요.

1

2

3

4

5

1단 구분해 ✿ 불러 주는 말을 듣고, 두 번씩 읽으며 빨간색 낱말을 익혀 보세요.

읽고 색칠하기

1 어머니께서 곧 오실 거야.

2 땅에 항아리를 묻고 있다.

3 맛 좋은 사과를 팔아요.

4 낮 기온이 내려갔다.

5 빛 좀 비춰 봐.

6 나비도 보고 꽃도 보았어.

7 끝까지 노력해 봐요.

기적쌤의 찐소리 특강

곧[곧]

맛[맏]

낮[낟]

받침이 모두 뭐라고 소리 나지?

'곧'은 받침이 ㄷ이니까 받침이 [ㄷ]으로 소리 나는 게 당연!

'맛'과 '낮'은? ㄷ 받침이 아닌데 [ㄷ]으로 소리 나네!

왜 그럴까? 왜긴!!!

받침 ㅅ, ㅈ, ㅊ, ㅌ, ㅎ, ㅆ은 [ㄷ]으로 소리 나니까 그렇지.

어렵게 생각하지 마.

그냥 낱말이 나올 때마다 통째로 외우면 되니까!!! ㅎㅎ

1 DAY
2 DAY
3 DAY
4 DAY
5 DAY
6 DAY
7 DAY
8 DAY
9 DAY
10 DAY
11 DAY
12 DAY
13 DAY
14 DAY
15 DAY
16 DAY
17 DAY
18 DAY
19 DAY
20 DAY
21 DAY
22 DAY
23 DAY
24 DAY
25 DAY
26 DAY
27 DAY
28 DAY
29 DAY
30 DAY

2단 반복해   ✿ 낱말을 또박또박 여러 번 써 보세요.

1   **다섯**   [다섣]
⊕ 여섯

2   **밤낮**   [밤낟]
⊕ 낮잠 / 대낮 / 한낮

3   **빛깔**   [빋깔]
⊕ 달빛 / 불빛

4   **볕**   [볃]
⊕ 땡볕 / 뙤약볕

5   **낱개**   [낟ː깨]
⊕ 낱자

6   **바깥**   [바깓]

7   **실컷**   [실컫]

8   **온갖**   [온ː갇]
⊕ 갖가지

9   **힘껏**   [힘껃]
⊕ 마음껏 / 목청껏

10   **낫다**   [낟ː따]
㉖ 감기가 <u>낫다</u>. / 더 <u>낫다</u>.

1 빈 곳에 들어갈 받침을 찾아 선으로 잇고, 낱말을 빈칸에 바르게 써 보세요.

1 불비 ·   · ㄷ

2 낭잠 ·   · ㅅ

3 힘껃 ·   · ㅈ

4 낙개 ·   · ㅊ

5 곧장 ·   · ㅌ

2 잘못 쓴 낱말에 밑줄을 긋고, 바르게 고쳐 써 보세요.

1 송곧 끝

→

2 온갖 그릇

→

3 꽃밭 바깟쪽

→

4 붓 여섣 자루

→

5 한낮의 땡볕

→

6 벗겨진 살갗

→

3  불러 주는 말을 잘 듣고, ☐ 안에 알맞은 낱말을 받아써 보세요.

| 1 | 따 | 뜻 | 한 | | | | 쬐 | 기 | | | | | | |

| 2 | 모 | 래 | 에 | | 발 | 을 | | | | . | | | | |

| 3 | 오 | 랜 | 만 | 에 | | | | 놀 | 았 | 다 | . | | | |

| 4 | 한 | 글 | 의 | | | | 를 | | 배 | 웠 | 어 | 요 | . | |

| 5 | 병 | 이 | | 잘 | | | | 않 | 고 | | 있 | 다 | . | |

4단 받아써

 ✿ 불러 주는 말을 잘 듣고, 빈칸에 받아써 보세요.

1

2

3

4

5

헷갈리는 낱말

짓다, 짖다 / 같다, 갖다 / 빗다, 빛다

1단 구분해 ✿ 불러 주는 말을 듣고, 두 번씩 읽으며 빨간색 낱말을 익혀 보세요.

짓다 집이나 밥 등을 만들다.

• 집을 짓다. ☐ ☐

짖다 개가 소리를 내다.

• 개가 짖다. ☐ ☐

같다 다르지 않다.

뒤집어도 모양이 같아!

• 모양이 같다. ☐ ☐

갖다 '가지다'를 줄인 말.

책을 가지다.
↓
책을 갖다.

• 책을 갖다. ☐ ☐

기적쌤의 찐소리 특강

만들 땐 → ㅅ "짓다"

개가 소리 낼 땐 → ㅈ "짖다"

다르지 않을 땐 → ㅌ "같다"

가질 땐 → ㅈ "갖다"

1 DAY
2 DAY
3 DAY
4 DAY
5 DAY
6 DAY
7 DAY
8 DAY
9 DAY
10 DAY
11 DAY
12 DAY
13 DAY
14 DAY
15 DAY
16 DAY
17 DAY
18 DAY
19 DAY
20 DAY
21 DAY
22 DAY
23 DAY
24 DAY
25 DAY
26 DAY
27 DAY
28 DAY
29 DAY
30 DAY

빗다 머리카락이나 털을 정리하다.

• 머리를 빗다. ☐ ☐

빗다 주물러서 어떤 모양을 만들다.

• 항아리를 빚다. ☐ ☐

머리는 빗으니까[비스니까]
↳ ㅅ "빗다"

주물럭주물럭 빚으니까[비즈니까]
↳ ㅈ "빚다"

2단 반복해

✿ 낱말을 또박또박 따라 써 보세요.

1 밥을 | 짓 | 다 |.

2 약을 | 짓 | 다 |.

3 노래를 | 짓 | 다 |.

4 강아지가 | 짖 | 다 |.

5 이름이 | 같 | 다 |.

6 별명을 | 갖 | 다 |.

7 관심을 | 갖 | 다 |.

8 털을 | 빗 | 다 |.

9 그릇을 | 빚 | 다 |.

10 만두를 | 빚 | 다 |.

1 문장에 어울리는 낱말에 ○표 해 보세요.

1 흙으로 그릇을 **빗다** | **빚다** .

2 강아지가 멍멍 **짓고** | **짖고** 있다.

3 나와 친구는 생일이 **같다** | **갖다** .

4 부엌에서 밥 **짓는** | **짖는** 냄새가 난다.

5 나는 '꾀돌이'라는 별명을 **같고** | **갖고** 있다.

2 다음 글자 카드에서 빈칸에 들어갈 알맞은 글자를 찾아 써넣어 보세요.

1 빗 빚   만두를 직접 [|었| 다] .

2 같 갖   나와 짝꿍은 이름이 [| 다] .

3 빗 빚   머리를 단정하게 [|었| 다] .

4 같 갖   나는 짝에게 관심을 [| 고] 있다.

5 짓 짖   약국에서 약사가 약을 [| 고] 있다.

3 불러 주는 말을 잘 듣고, ☐ 안에 알맞은 낱말을 받아써 보세요.

1 | 노 | 래 | 를 | | | | | | 있 | 다 | . | | | | | |

2 | 내 | 가 | | 꽃 | 을 | | | | | | 했 | 다 | . | | | |

3 | 진 | 흙 | 으 | 로 | | 도 | 자 | 기 | 를 | | | . | | | | |

4 | 도 | 둑 | 이 | | 들 | 어 | | 개 | 가 | | | . | | | | |

5 | 고 | 양 | 이 | 의 | | 털 | 을 | | | | 있 | 다 | . | | | |

4단 받아써

 ✿ 불러 주는 말을 잘 듣고, 빈칸에 받아써 보세요.

1

2

3

4

5

14 DAY 받침이 [ㅂ]으로 소리 나는 낱말

1단 구분해

✿ 불러 주는 말을 듣고, 두 번씩 읽으며 빨간색 낱말을 익혀 보세요.

읽고 색칠하기

1 **답** 좀 알려 줘.

2 어머니를 **돕고** 있다.

3 **숲** 쪽으로 걸어갔습니다.

4 학교 **앞** 문방구에서 볼까?

5 **잎**과 줄기에 가시가 있다.

6 빌린 돈을 **갚다**.

7 이불을 **덮고** 자라.

기적쌤의 **찐소리 특강**

받침은 참 어려워. 그치?

답[답]   숲[숩]

글자와 소리가 다른 받침이 또 있네!

'숲'의 받침 ㅍ이 [ㅂ]으로 소리 났잖아.

이렇게 ㅍ 받침은 ㅂ이 아닌데 [ㅂ]으로 소리가 나.

그러니까 받침이 [ㅂ]으로 소리 나는 낱말을 받아써야 할 때에는

ㅂ 받침인지, ㅍ 받침인지 잘 생각해 봐~

✿ **낱말을 또박또박 여러 번 써 보세요.**

1DAY
2DAY
3DAY
4DAY
5DAY
6DAY
7DAY
8DAY
9DAY
10DAY
11DAY
12DAY
13DAY
14DAY
15DAY
16DAY
17DAY
18DAY
19DAY
20DAY
21DAY
22DAY
23DAY
24DAY
25DAY
26DAY
27DAY
28DAY
29DAY
30DAY

1 **늪** [늡]

⊕ 늪지대

2 **풀 숲** [풀숩]

⊕ 숲길 / 갈대숲

3 **앞쪽** [압쪽]

⊕ 앞치마 / 앞뜰

4 **짚신** [집씬]

⊕ 볏짚 / 밀짚

5 **덮개** [덥깨]

⊕ 덮밥 / 덮치다

6 **헝겊** [헝:겁]

7 **집다** [집따]

㉠ 동전을 집다.

8 **업다** [업따]

㉠ 아기를 업다.

9 **드높다** [드놉따]

㉠ 하늘이 드높다.

10 **엎지르다** [업찌르다]

㉠ 우유를 엎지르다.

1 그림을 보고, 빈 곳에 알맞은 받침을 써 보세요.

1  느

2  더게

3  볏지

4  무르

5  지게

6  여쪽

2 밑줄 친 낱말을 바르게 고쳐 써 보세요.

1 <u>정답</u> 맞히기

→

2 아기를 등에 <u>엎다.</u>

→

3 엄마가 보고 <u>십다.</u>

→

4 돈을 <u>갑지</u> 않는 사람

→

5 바닥에 <u>업드리다.</u>

→

6 가을 하늘이 <u>드높다.</u>

→

3 불러 주는 말을 잘 듣고, ☐ 안에 알맞은 낱말을 받아써 보세요.

1 손 으 로 음 식 을 ☐☐ 마 .

2 옛 날 에 는 ☐☐ 을 신 었 다 .

3 ☐☐ 조 각 으 로 옷 만 들 기

4 바 닥 에 물 을 ☐☐☐☐ .

5 뱀 이 ☐☐ 사 이 로 기 어 가 .

4단 받아써

불러 주는 말을 잘 듣고, 빈칸에 받아써 보세요.

1

2

3

4

5

총정리

✿ 낱말을 바르게 쓴 것에 ○표 하세요.

1 송편을 빗었다 / 빚었다 .

11 무릎 / 무릅 만 다쳤다.

2 숨길 / 숲길 을 걸었다.

12 밀집모자 / 밀짚모자 를 썼다.

3 머리를 곱게 빗다 / 빚다 .

13 끝소리 / 끝소리 를 발음하다.

4 마음껏 / 마음껏 게임을 했다.

14 자장면을 먹고 십다 / 싶다 .

5 내가 형보다 낫다 / 낮다 .

15 우리는 나이가 같다 / 갖다 .

6 윷을 낱개 / 낟개 로 파나요?

16 신발 끈을 묶고 / 묶고 있다.

7 헝겁 / 헝겊 인형을 만들었다.

17 노란색으로 색칠 / 색칠 했다.

8 들녁 / 들녘 풍경이 아름답다.

18 시멘트에 모래를 뒤석다 / 뒤섞다 .

9 빛깔 / 빛깔 고운 한복을 입다.

19 밤낟 / 밤낮 놀기만 하는구나!

10 남은 것은 내가 갖기로 / 갖기로 했다.

20 북녁 / 북녘 하늘을 바라보았다.

실전 받아쓰기

☆ 불러 주는 말을 잘 듣고, 빈칸에 받아써 보세요.

점

1
2
3
4
5
6
7
8
9
10

1 DAY
2 DAY
3 DAY
4 DAY
5 DAY
6 DAY
7 DAY
8 DAY
9 DAY
10 DAY
11 DAY
12 DAY
13 DAY
14 DAY
15 DAY
16 DAY
17 DAY
18 DAY
19 DAY
20 DAY
21 DAY
22 DAY
23 DAY
24 DAY
25 DAY
26 DAY
27 DAY
28 DAY
29 DAY
30 DAY

1단 구분해 ✿ 불러 주는 말을 듣고, 두 번씩 읽으며 빨간색 낱말을 익혀 보세요.

읽고 색칠하기

1 밥솥에 밥을 하다.

2 숟가락을 들다.

3 발바닥에 가시가 박혔다.

4 속도가 점점 느려져요.

5 옆집 아저씨께 인사했어요.

6 눈짓을 주고받았다.

7 나는 키가 작다.

기적쌤의 찐소리 특강

빨간색 낱말들을 읽어 보니 모두 받침 뒤에 있는 글자가 된소리로 소리가 나.
된소리가 뭐냐고? 'ㄲ, ㄸ, ㅃ, ㅆ, ㅉ'을 된소리라고 해. 발음이 세지. '속도'를 읽어 보자.

받침+자음		이렇게 소리 나!
속도	→	[속또]

ㄱ 받침 뒤에 있는 '도'가 [또]로 소리 났지?

이처럼 받침과 뒤 글자의 첫 자음자가 만나 뒤 글자의 첫 자음자가 된소리로
소리 나는 낱말들이 많아. 하지만 쓸 때는? 원래 자음자를 살려 써야 해!

1 DAY
2 DAY
3 DAY
4 DAY
5 DAY
6 DAY
7 DAY
8 DAY
9 DAY
10 DAY
11 DAY
12 DAY
13 DAY
14 DAY
15 DAY
16 DAY
17 DAY
18 DAY
19 DAY
20 DAY
21 DAY
22 DAY
23 DAY
24 DAY
25 DAY
26 DAY
27 DAY
28 DAY
29 DAY
30 DAY

2단 반복해

✿ 낱말을 또박또박 여러 번 써 보세요.

1 **밥상** [밥쌍]
⊕ 밥그릇

2 **밤길** [밤낄]
⊕ 밤중

3 **발가락** [발까락]
⊕ 발걸음 / 발등 / 발자국

4 **눈빛** [눈삗]
⊕ 눈가 / 눈곱

5 **갑자기** [갑짜기]

6 **늦다** [늗따]
㉠ 약속 시간에 늦다.

7 **돋보기** [돋뽀기]

8 **낯설다** [낟썰다]
㉠ 새집이 낯설다.

9 **껍질** [껍찔]

10 **꽃다발** [꼳따발]
⊕ 꽃병 / 꽃집 / 꽃밭

1 낱말을 바르게 쓴 것을 모두 찾아 빈칸에 다시 써 보세요.

| 꽃밭 | 눈빛 | 늦다 | 밤쫑 |

| 숟가락 | 옆구리 | 발짜국 | 꽃다발 |

2 잘못 쓴 낱말에 밑줄을 긋고, 바르게 고쳐 써 보세요.

1 눈찟을 보내다.
→

2 처음 온 곳이라 낯썰다.
→

3 돋뽀기로 개미를 봐.
→

4 꽃뼝에 꽃을 꽂다.
→

5 부엌꽈 거실을 왔다 갔다 했다.
→

6 누워 있떤 아이가 벌떡 일어났다.
→

3 불러 주는 말을 잘 듣고, ☐ 안에 알맞은 낱말을 받아써 보세요.

1 ☐☐ 에 눈 물 이   맺 혔 습 니 다 .

2 ☐☐ 을 차 렸 어 요 .

3 캄 캄 한 ☐☐ 은 무 서 워 요 .

4 ☐☐ 을 꼼 지 락 거 려 요 .

5 한 시 간 이 나 ☐☐ 왔 구 나 !

4단 받아써

✿ 불러 주는 말을 잘 듣고, 빈칸에 받아써 보세요.

1

2

3

4

5

17 DAY 서로 닮은 자음이 만나 소리가 바뀌는 낱말

1단 구분해 ✿ 불러 주는 말을 듣고, 두 번씩 읽으며 빨간색 낱말을 익혀 보세요.

읽고 색칠하기

1 국물이 뜨거워요.

2 앞마당에 나무를 심자.

3 새를 쫓는 농부

4 음료수를 마셨다.

5 설날에는 떡국을 먹어요.

6 골목에서 줄넘기를 했다.

7 호랑이는 입맛만 다셨다.

기적쌤의 찐소리 특강

국물[궁물]   설 날[설ː랄]

'국물'은 '국'의 받침 'ㄱ'이 '물'의 첫소리 'ㅁ'과 닮은 [ㅇ]으로 바뀌어 소리 났고,
'설날'은 '날'의 첫소리 'ㄴ'이 '설'의 받침 'ㄹ'과 닮은 [ㄹ]로 바뀌어 소리 났어.
이처럼 앞 글자의 받침이나 뒤 글자의 첫소리가 서로 닮은 자음으로 바뀌어
소리 나는 낱말들이 있어. 그러니까 소리 나는 대로 쓰면 안 되겠지!
바뀌기 전 원래 자음자를 써야 해~

'국물'과 '설날' 모두
서로 닮은 자음이 만나
소리가 바뀌었구나!

1DAY
2DAY
3DAY
4DAY
5DAY
6DAY
7DAY
8DAY
9DAY
10DAY
11DAY
12DAY
13DAY
14DAY
15DAY
16DAY
17DAY
18DAY
19DAY
20DAY
21DAY
22DAY
23DAY
24DAY
25DAY
26DAY
27DAY
28DAY
29DAY
30DAY

2단 반복해 ✿ 낱말을 또박또박 여러 번 써 보세요.

1 **정류장** [정뉴장]

2 **대통령** [대ː통녕]

3 **협력** [혐녁]

4 **물놀이** [물로리]
⊕ 물난리

5 **앞문** [암문]
⊕ 앞니 / 앞면 / 앞모습

6 **입맞춤** [임맏춤]

7 **작년** [장년]

8 **박물관** [방물관]

9 **적는** [정는]   이름을 [　　] 칸   이름을 [　　] 칸
↳ 적(다) + 는

10 **닿는** [단ː는]   손이 [　　] 곳   손이 [　　] 곳
↳ 닿(다) + 는

79

1 낱말을 바르게 쓴 것에 ○표 하고, 빈칸에 다시 써 보세요.

1 암문
  앞문

2 임맞춤
  입맞춤

3 대통녕
  대통령

4 혐녁
  협력

5 막내
  망내

6 만며느리
  맏며느리

2 밑줄 친 낱말을 바르게 고쳐 써 보세요.

앞 글자의 받침이나 뒤 글자의 첫소리를 어떻게 고쳐 써야 할까?

1 방물관에 갔어요.

→

2 물란리가 났어요.

→

3 장년 여름에는 비가 많이 왔다.

→

4 실래 수영장에 갔어요.

→

5 날로에 불을 피웠다.

→

6 알림장에 준비물을 정는 아이

→

3 불러 주는 말을 잘 듣고, ☐ 안에 알맞은 낱말을 받아써 보세요.

1 | 냉 | 장 | 고 | | 안 | 에 | | 있 | 는 | | | | | |

2 | | | 만 | | 더 | | 주 | 세 | 요 | . |

3 | 개 | 울 | 에 | 서 | | | | 를 | | 했 | 다 | . |

4 | 다 | 음 | | | | 에 | 서 | | 내 | 리 | 세 | 요 | . |

5 | 발 | 에 | | | | 느 | 낌 | 이 | | 좋 | 다 | . |

4단 받아써

✿ 불러 주는 말을 잘 듣고, 빈칸에 받아써 보세요.

1

2

3

4

5

거센소리가 나는 낱말

1단 구분해 ✿ 불러 주는 말을 듣고, 두 번씩 읽으며 빨간색 낱말을 익혀 보세요.

읽고 색칠하기

1 나는 **파란색**이 좋다.

2 수박이 **빨갛게** 익었구나!

3 우산을 **놓고** 왔다.

4 다람쥐야, 생일 **축하해**.

5 책장에 책이 **꽂혀** 있다.

6 **급하게** 교실로 뛰어갔다.

7 차에 **부딪힐** 뻔했어.

기적쌤의 찐소리 특강

빨갛게[빨:가케]   '빨갛게'는 ㅎ 받침 뒤에 오는 '게'가 [케]로,

급하게[그파게]   '급하게'는 받침 뒤에 오는 '하'가 [파]로 소리 나.

이처럼 자음 'ㄱ, ㄷ, ㅂ, ㅈ'이 'ㅎ'을 만나면
거센소리 'ㅋ, ㅌ, ㅍ, ㅊ'으로 바뀌어.
그러니까 소리 나는 대로 쓰면 안 되는 거 알지?
소리 나는 대로 쓰지 말고 원래 자음자 살려 쓰자!!

✿ 낱말을 또박또박 여러 번 써 보세요.

1 **파랗다** [파:라타]
⊕ 노랗다

2 **넣다** [너:타]
⊕ 집어넣다 / 잡아넣다

3 **내놓다** [내:노타]
⊕ 내려놓다 / 올려놓다

4 **커다랗다** [커:다라타]
⊕ 가느다랗다

5 **쌓다** [싸타]
㉠ 돌을 쌓다.

6 **가득히** [가드키]
⊕ 넉넉히

7 **화목하다** [화모카다]
㉠ 집안이 화목하다.

8 **낳다** [나:타]
㉠ 새끼를 낳다.

9 **입학** [이팍]
⊕ 입학식

10 **맏형** [마텽]

1 DAY
2 DAY
3 DAY
4 DAY
5 DAY
6 DAY
7 DAY
8 DAY
9 DAY
10 DAY
11 DAY
12 DAY
13 DAY
14 DAY
15 DAY
16 DAY
17 DAY
18 DAY
19 DAY
20 DAY
21 DAY
22 DAY
23 DAY
24 DAY
25 DAY
26 DAY
27 DAY
28 DAY
29 DAY
30 DAY

1 낱말을 바르게 쓴 것을 찾아 색칠하고, 빈칸에 다시 써 보세요.

잡히다	그러치	가득키	파랗게

괴로피다	내려놓다	커다랗다	화목카다

2 밑줄 친 낱말을 바르게 고쳐 써 보세요.

1 졸업을 <u>추카해</u>.

➜

2 기분이 너무 <u>조타</u>.

➜

3 소가 송아지를 <u>나타</u>.

➜

4 장난감을 <u>집어너코</u> 와야지.

➜

5 마음이 계속 <u>답다패</u>.

➜

6 이웃과 <u>사이조케</u> 지내자.

➜

3 불러 주는 말을 잘 듣고, ☐ 안에 알맞은 낱말을 받아써 보세요.

1

| 나 | 무 | 를 | | | 있 | 어 | 요 | . | | |

2

| 벼 | 가 | | | | 익 | 었 | 구 | 나 | ! | |

3

| 화 | 분 | 을 | | 밖 | 으 | 로 | | | | . |

4

| 내 | 년 | 에 | | | | 을 | | 합 | 니 | 다 | . |

5

| | | 말 | 을 | | 잘 | | 들 | 어 | 야 | 지 | . |

4단 받아써

✿ 불러 주는 말을 잘 듣고, 빈칸에 받아써 보세요.

1

2

3

4

5

어떡해, 어떻게 / 맞히다, 마치다 / 식히다, 시키다

1단 구분해

✿ 불러 주는 말을 듣고, 두 번씩 읽으며 빨간색 낱말을 익혀 보세요.

'맞히다'는 '비, 주사, 화살 등을 맞게 하다.'라는 뜻으로도 쓰여요. 예 화살을 과녁에 맞히다.

어떡해 '어떻게 해'의 준말.

• 달이 안 놀아 주면 어떡해.

어떻게 '어떻다'에 '-게'가 붙은 말.

• 어떻게 앞으로 걷지?

맞히다 옳게 답을 하다.

맞 : 맞았다!

히 : 히히히~

다 : 다 정답이네!

• 답을 맞히다.

마치다 일을 끝내다.

마 : 마침내

치 : 치료가

다 : 다 끝났다.

• 병원 치료를 마치다.

기적쌤의 **찐소리 특강**

문장의 끝에 쓰일 때
해 "어떡해"

그렇지 않을 때
게 "어떻게"

옳게 답을 할 때
ㅎ "맞히다"

일을 끝마칠 때
ㅊ "마치다"

'시키다'는 '음식 등을 주문하다.'라는 뜻으로도 쓰여요.
예 김치찌개를 시키다.

식히다 더운 기를 없애다.

빨리 식어라.

• 뜨거운 물을 식히다. ☐ ☐

시키다 무엇을 하게 하다.

시장에 가서 시금치 좀 사 올래?

• 심부름을 시키다. ☐ ☐

뜨거운 것은 식어야 먹지~
"식히다"

시임~부름처럼 무엇을 하게 할 땐
"시키다"

1 DAY
2 DAY
3 DAY
4 DAY
5 DAY
6 DAY
7 DAY
8 DAY
9 DAY
10 DAY
11 DAY
12 DAY
13 DAY
14 DAY
15 DAY
16 DAY
17 DAY
18 DAY
19 DAY
20 DAY
21 DAY
22 DAY
23 DAY
24 DAY
25 DAY
26 DAY
27 DAY
28 DAY
29 DAY
30 DAY

2단 반복해

✿ 낱말을 또박또박 따라 써 보세요.

1 소리 지르면 | 어 | 떡 | 해 | .

2 집에 | 어 | 떻 | 게 | 가지?

3 정답을 빨리 | 맞 | 히 | 다 | .

4 주사를 | 맞 | 히 | 다 | .

5 눈덩이로 몸을 | 맞 | 히 | 다 | .

6 수업을 | 마 | 치 | 다 | .

7 공사를 | 마 | 치 | 다 | .

8 더위를 | 식 | 히 | 다 | .

9 노래를 | 시 | 키 | 다 | .

10 주스를 | 시 | 키 | 다 | .

1 문장에 어울리는 낱말에 ○표 해 보세요.

1 어떻게 | 어떡해 된 일이야?

2 갑자기 약속을 미루면 어떻게 | 어떡해 .

3 언니가 나에게 방 청소를 식혔다 | 시켰다 .

4 숙제를 맞히고 | 마치고 친구와 축구를 했다.

5 할아버지는 부채를 부쳐 더위를 식혔다 | 시켰다 .

2 다음 낱말 카드에서 빈칸에 들어갈 알맞은 낱말을 찾아 써넣어 보세요.

1 맞힌   마친   일을 [   ] 뒤에 무엇을 할 거니?

2 시켜서   식혀서   국이 뜨거우니까 [   ] 먹어라.

3 시켰다   식혔다   주인에게 국수 두 그릇을 [   ] .

4 어떻게   어떡해   선생님이 발표를 시키면 [   ] 하지?

5 맞힌   마친   이 문제의 답을 [   ] 사람에게는 상품을 드릴게요.

3 불러 주는 말을 잘 듣고, ⬚ 안에 알맞은 낱말을 받아써 보세요.

1 | 힘 | 든 | | 일 | 을 | | | | | | | | | | | |

2 | 시 | 끄 | 럽 | 게 | | 떠 | 들 | 면 | | | | ! | | | |

3 | 책 | | 읽 | 기 | 를 | | | | 때 | 까 | 지 | | | | |

4 | 수 | 수 | 께 | 끼 | 의 | | 답 | 을 | | | | | . | | |

5 | 길 | 을 | | 잃 | 으 | 면 | | | | 하 | 지 | ? | | | |

4단 받아써

 ✿ 불러 주는 말을 잘 듣고, 빈칸에 받아써 보세요.

1

2

3

4

5

총정리

✿ 낱말을 바르게 쓴 것에 ○표 하세요.

1 　꽃집 / 꽃찝　 에서 꽃다발을 샀어.

2 설명서 　암면 / 앞면　 을 보세요.

3 엄마는 아기에게 　임맞춤 / 입맞춤　 을 했다.

4 동그라미를 　커다라케 / 커다랗게　 그려 볼까?

5 빵을 다 먹으면 　어떻게 / 어떡해　 하니?

6 　발걸음 / 발꺼름　 이 빨라졌다.

7 토끼를 우리 안에 　잡아넣다 / 잡아너타　 .

8 공부를 　마치고 / 맞히고　 간식을 먹었다.

9 　갑자기 / 갑짜기　 비가 내렸다.

10 이마를 책상에 　부디치다 / 부딪히다　 .

11 　막내 / 망내　 는 몇 살이니?

12 　낯썬 / 낯선　 사람이 말을 걸었다.

13 다른 사람을 　괴롭피면 / 괴롭히면　 안 돼.

14 　국물 / 궁물　 이 너무 맛있다.

15 공책을 책상 위에 　올려노타 / 올려놓다　 .

16 　밤중 / 밤쭝　 에 어딜 가니?

17 굴 　껍질 / 껍찔　 을 벗겨 주었어요.

18 감들이 　빨가케 / 빨갛게　 익었어요.

19 내일은 　입팍식 / 입학식　 을 하는 날입니다.

20 바닥까지 　단는 / 닿는　 망토를 걸쳤어요.

실전 받아쓰기

✿ 불러 주는 말을 잘 듣고, 빈칸에 받아써 보세요.

점명

| 1 | 2 | 3 | 4 | 5 | 6 | 7 | 8 | 9 | 10 |

1DAY
2DAY
3DAY
4DAY
5DAY
6 DAY
7DAY
8 DAY
9 DAY
10 DAY
11 DAY
12 DAY
13 DAY
14 DAY
15 DAY
16 DAY
17 DAY
18 DAY
19 DAY
20 DAY
21 DAY
22 DAY
23 DAY
24 DAY
25 DAY
26 DAY
27 DAY
28 DAY
29 DAY
30 DAY

[지], [치]으로 소리 나는 낱말

1단 구분해 ✿ 불러 주는 말을 듣고, 두 번씩 읽으며 빨간색 낱말을 익혀 보세요.

1 해돋이를 보러 가자.

2 가을걷이로 바빠요.

3 등받이에 기대요.

4 굳이 알려고 하지 마.

5 쇠붙이를 불에 달구다.

6 다리 밑이 시원하구나!

7 안개가 걷히다.

기적쌤의 찐소리 특강

받침 ㄷ + 모음 ㅣ → 지	받침 ㅌ + 모음 ㅣ → 치
해돋이[해도지]	쇠붙이[쇠부치]

굳이 알고 싶어?

받침 ㄷ은 ㅈ이 되어 뒤로 넘어가고, 받침 ㅌ은 ㅊ이 되어 뒤로 넘어갔어.

발음을 쉽고 편하게 하려고 우리 입속에서 자연스럽게 소리가 바뀌는 거야.

[해돋이]라고 읽는 것보다 [해도지]라고 읽는 게 훨씬 쉽잖아!

그렇지만 쓸 때는 원래 모양 그대로 써야 해!! 그래야 맞춤법 절대 안 틀리지~

2단 반복해 ✿ 낱말을 또박또박 여러 번 써 보세요.

1 **미닫이** [미:다지]
⊕ 여닫이 / 반닫이

2 **턱받이** [턱빠지]
⊕ 물받이

3 **맏이** [마지]

4 **금붙이** [금부치]

5 **샅샅이** [삳싸치]

6 **낱낱이** [난:나치]

7 **같이** [가치]

8 **곧이** [고지]
⊕ 곧이곧대로

9 **굳히다** [구치다]
㉠ 시멘트를 굳히다.

10 **팥이** [파치]
↳ 팥 + 이

[   ] 달다.   [   ] 달다.

1DAY
2DAY
3DAY
4DAY
5DAY
6DAY
7DAY
8DAY
9DAY
10DAY
11DAY
12DAY
13DAY
14DAY
15DAY
16DAY
17DAY
18DAY
19DAY
20DAY
21DAY
22DAY
23DAY
24DAY
25DAY
26DAY
27DAY
28DAY
29DAY
30DAY

1 그림을 보고, 빈 곳에 알맞은 낱자를 써 보세요.

1   맏 ☐

2   해 도 ☐

3   금 붙 ☐

4   등 받 ☐

5   여 닫 ☐

6   구 ☐ 다

2 밑줄 친 낱말을 바르게 고쳐 써 보세요.

1 친구야, 가치 놀자.

→ ☐☐

2 안과 거치 다르다.

→ ☐☐

3 낱나치 파헤쳤다.

→ ☐☐

4 물바지의 물이 넘쳤다.

→ ☐☐☐

5 고지곧대로 믿지 마.

→ ☐☐☐☐☐

6 구름이 거치고 해가 났다.

→ ☐☐☐

3 불러 주는 말을 잘 듣고, ☐ 안에 알맞은 낱말을 받아써 보세요.

1 ┃　　　┃에　침을　흘렸다.

2 ┃　　　┃를　구경하러　갔다.

3 빵　속에　든　┃　　　┃달다.

4 ┃　　　┃가　드르륵　열렸다.

5 서랍　안을　┃　　　┃뒤졌다.

4단 받아써

✿ 불러 주는 말을 잘 듣고, 빈칸에 받아써 보세요.

1

2

3

4

5

헷갈리는 낱말

다치다, 닫히다 / 무치다, 묻히다 / 부치다, 붙이다

1단 구분해 ✿ 불러 주는 말을 듣고, 두 번씩 읽으며 빨간색 낱말을 익혀 보세요.

다치다 상처가 생기다.

· 다리를 다치다. ☐ ☐

무치다 나물 등에 양념을 넣고 뒤섞다.

· 나물을 무치다. ☐ ☐

닫히다 문 등이 제자리로 가 막히다.

콰

· 문이 닫히다. ☐ ☐

묻히다 가루, 풀 등을 다른 것에 들러붙게 하다.

· 옷에 소스를 묻히다. ☐ ☐

'묻히다'는 '덮여 가려지다.'라는 뜻으로도 쓰여요.
예 땅에 묻히다.

기적쌤의 **찐소리 특강**

상처 나서 치료해야 할 땐
→ "다치다"

양념 넣어 뒤섞을 땐
→ "무치다"

문이 닫아졌을 땐
→ ㅎ 넣어 "닫히다"

들러붙게 할 땐
→ ㅎ 넣어 "묻히다"

'부치다'는 '달걀 등을 넓적하게 펴서 익히다.' 또는
'부채 등으로 바람을 일으키다.'라는 뜻으로도 쓰여요.
예 달걀을 부치다. / 부채를 부치다.

부치다 편지나 물건 등을 보내다.

· 편지를 부치다. ☐ ☐

붙이다 떨어지지 않게 하다.

· 종이를 벽에 붙이다. ☐ ☐

보낼 때는
➜ "부치다"

붙게 할 때는
➜ ㅌ 붙여 "붙이다"

1DAY
2DAY
3DAY
4DAY
5DAY
6DAY
7DAY
8DAY
9DAY
10DAY
11DAY
12DAY
13DAY
14DAY
15DAY
16DAY
17DAY
18DAY
19DAY
20DAY
21DAY
22DAY
23DAY
24DAY
25DAY
26DAY
27DAY
28DAY
29DAY
30DAY

2단 반복해

✿ **낱말을 또박또박 따라 써 보세요.**

1 발목을 | 다 | 치 | 다 | .

2 도서관이 | 닫 | 히 | 다 | .

3 시금치를 | 무 | 치 | 다 | .

4 손에 물을 | 묻 | 히 | 다 | .

5 눈 속에 | 묻 | 히 | 다 | .

6 짐을 | 부 | 치 | 다 | .

7 전을 | 부 | 치 | 다 | .

8 종이를 | 부 | 치 | 다 | .

9 재미를 | 붙 | 이 | 다 | .

10 별명을 | 붙 | 이 | 다 | .

1 빈칸에 들어갈 알맞은 낱말을 골라 ○표 해 보세요.

1 콩나물을 [   ].

무치다   묻히다

2 손에 물감을 [   ].

무치다   묻히다

3 놀다가 발목을 [   ].

다치다   닫히다

4 바람에 방문이 [   ].

다치다   닫히다

5 이마에 반창고를 [   ].

부치다   붙이다

6 외국으로 짐을 [   ].

부치다   붙이다

2 문장에 어울리는 낱말에 ○표 하고, 빈칸에 다시 써 보세요.

1 허리를   다쳐서   닫혀서   누워 있다.

2 공부에 재미를   부치고   붙이고   있다.

3 월요일이라 도서관이   다쳤다   닫혔다 .

4 아빠가   무친   묻힌   오이는 맛있었다.

5 눈 속에   무친   묻힌   사람을 구조했다.

6 비가 와서 김치전을   부쳐   붙여   먹었다.

3 불러 주는 말을 잘 듣고, ☐ 안에 알맞은 낱말을 받아써 보세요.

1 | 시 | 금 | 치 | 를 | | | 먹 | 었 | 다 | . | | |

2 | 더 | 워 | 서 | | 부 | 채 | 를 | | | . | | |

3 | 보 | 물 | 은 | | 땅 | 속 | 에 | | | 있 | 다 | . |

4 | 은 | 행 | | 문 | 은 | | 아 | 직 | | | 있 | 다 . |

5 | 짝 | 에 | 게 | | 별 | 명 | 을 | | | 주 | 었 | 다 . |

4단 받아써

 ✿ 불러 주는 말을 잘 듣고, 빈칸에 받아써 보세요.

1

2

3

4

5

[ㄴ], [ㄹ] 소리가 덧나는 낱말

1단 구분해

✿ 불러 주는 말을 듣고, 두 번씩 읽으며 빨간색 낱말을 익혀 보세요.

읽고 색칠하기

1 **눈약**을 한 방울 넣었다.

2 추우면 **담요**를 덮어라.

3 **한여름**이라 너무 더워요.

4 팬에 **식용유**를 두른다.

5 **솜이불**은 참 따뜻하구나!

6 새파란 **풀잎**이 돋아났다.

7 **전철역**이 어디인가요?

기적쌤의 찐소리 특강

'눈약'은 [누냑]으로 읽지 않고, '풀잎'은 [푸립]으로 읽지 않아.

받침 뒤에 모음이 와도 받침이 뒤로 안 넘어가지~

ㄴ이 더해졌어!	ㄹ이 더해졌어!
눈+약[눈냑]	풀+잎[풀립]

더해진 소리를 쓰면 땡! 땡!

대신 뒤 낱말 '약'과 '잎'의 첫소리 ㅇ에 각각 [ㄴ]과 [ㄹ]이 더해졌어!

이렇게 두 낱말이 만나 다른 소리가 더해지더라도

앞 낱말, 뒤 낱말 모두 원래 글자 그대로 쓰기!!!

✿ 낱말을 또박또박 여러 번 써 보세요.

1 **물약** [물략]

⊕ 알약

2 **솔잎** [솔립]

⊕ 꽃잎

3 **맨입** [맨닙]

⊕ 한입

4 **들일** [들:릴]

⊕ 막일

5 **땅콩엿** [땅콩녇]

⊕ 물엿

6 **색연필** [생년필]

7 **휘발유** [휘발류]

8 **서울역** [서울력]

⊕ 지하철역

9 **눈요기** [눈뇨기]

10 **스물여섯** [스물려섣]

⊕ 서른여섯

1DAY
2DAY
3DAY
4DAY
5DAY
6DAY
7DAY
8DAY
9DAY
10DAY
11DAY
12DAY
13DAY
14DAY
15DAY
16DAY
17DAY
18DAY
19DAY
20DAY
21DAY
22DAY
23DAY
24DAY
25DAY
26DAY
27DAY
28DAY
29DAY
30DAY

3단 연습해

1 낱말을 바르게 쓴 것에 색칠하고, 빈칸에 다시 써 보세요.

1 물약　　물냑　　물략　　［　｜　］

2 솔닢　　솔잎　　솔립　　［　｜　］

3 휘발류　　휘발뉴　　휘발유　　［　｜　｜　］

4 땅콩엿　　땅콩럿　　땅콩녓　　［　｜　｜　］

5 전철녁　　전철역　　전철력　　［　｜　｜　］

2 밑줄 친 낱말을 바르게 고쳐 써 보세요.

1 <u>한닙</u> 베어 물다.

➡

2 <u>물렷</u>을 넣으면 달다.

➡

3 <u>알략</u>을 삼키기 힘들다.

➡

4 <u>색년필</u>로 색칠해.

➡

5 <u>설릭은</u> 과일은 먹지 마.

➡

6 이모는 <u>스물려섯</u> 살이야.

➡

3 불러 주는 말을 잘 듣고, ☐ 안에 알맞은 낱말을 받아써 보세요.

1 | ☐ | | 에 | | 김 | 치 | 만 | | 먹 | 었 | 다 | . | | |

2 | 감 | 자 | 를 | | ☐ | | | 에 | | 튀 | 겼 | 다 | . | |

3 | ☐ | | 에 | 서 | | 기 | 차 | 를 | | 탔 | 다 | . | |

4 | 봄 | 이 | | 되 | 면 | | ☐ | | 로 | | 바 | 쁘 | 다 | . |

5 | 배 | 가 | | 아 | 파 | 서 | | ☐ | | | 만 | | 했 | 다 | . |

4단 받아써

✿ 불러 주는 말을 잘 듣고, 빈칸에 받아써 보세요.

1

2

3

4

5

1단 구분해

✿ 불러 주는 말을 듣고, 두 번씩 읽으며 빨간색 낱말을 익혀 보세요.

읽고 색칠하기

1 집을 나와 바닷가로 갔다.

2 나뭇가지를 꺾지 마라.

3 아랫집에는 누가 사니?

4 햇빛에 눈이 부시다.

5 숫자를 세 보아라.

6 콧구멍을 벌름거렸어요.

7 혼잣말로 중얼거렸어요.

기적쌤의 찐소리 특강

ㅅ이 더해졌어!

바다＋가 → 바닷가

햇빛, 숫자, 콧구멍

낱말과 낱말 사이에 ㅅ이 들어가 있지?
사이에 들어가서 사이시옷!
사이시옷이 들어간 낱말은 엄~~청 많아.
여기에 나오는 낱말은
받아쓰기에 자주 나오는 낱말이니까 무조건 외워!!!

2단 반복해 ✿ 낱말을 또박또박 여러 번 써 보세요.

1 **뒷산** [뒫:싼]
⊕ 뒷문 / 뒷모습 / 뒷걸음

2 **햇볕** [핻뼏]
⊕ 햇살

3 **냇가** [낻:까]
⊕ 냇물

4 **촛불** [촏뿔]
⊕ 촛대 / 촛농

5 **빗소리** [빋:쏘리]
⊕ 빗물 / 빗방울 / 빗길

6 **비눗방울** [비눋빵울]
⊕ 비눗물

7 **노랫소리** [노랟쏘리]
⊕ 노랫말

8 **등굣길** [등굗낄]
⊕ 하굣길

9 **나뭇잎** [나문닙]
⊕ 나뭇조각 / 나뭇더미

10 **아랫마을** [아랜마을]
⊕ 아랫사람 / 아랫니 / 아랫도리

1 DAY
2 DAY
3 DAY
4 DAY
5 DAY
6 DAY
7 DAY
8 DAY
9 DAY
10 DAY
11 DAY
12 DAY
13 DAY
14 DAY
15 DAY
16 DAY
17 DAY
18 DAY
19 DAY
20 DAY
21 DAY
22 DAY
23 DAY
24 DAY
25 DAY
26 DAY
27 DAY
28 DAY
29 DAY
30 DAY

1 낱말을 바르게 쓴 것을 모두 찾아 빈칸에 다시 써 보세요.

| 햇빚 | 뒷문 | 섯랍 | 냇가 |

| 아랫집 | 솟나기 | 나뭇잎 | 빗방울 |

2 잘못 쓴 낱말에 밑줄을 긋고, 바르게 고쳐 써 보세요.

1 비자루로 바닥을 쓸다. →

2 노래말을 누가 지었니? →

3 하얀 기발이 바람에 날려요. →

4 먹구름 사이로 해살이 비쳐요. →

5 비누물에 빨래를 담가 두었어요. →

6 바위돌이 절벽 아래로 굴러떨어졌어요. →

3 불러 주는 말을 잘 듣고, ☐ 안에 알맞은 낱말을 받아써 보세요.

1 | | | 에 | 잠 | 을 | | 깼 | 어 | 요 | .

2 어 | 두 | 워 | 서 | | | 을 | | 켰 | 어 | 요 | .

3 | | | 가 | | 울 | 려 | 퍼 | 졌 | 어 | 요 | .

4 | | | 에 | | 친 | 구 | 를 | | 만 | 났 | 어 | 요 | .

5 | | | 이 | | 물 | 에 | | 잠 | 겼 | 어 | 요 | .

4단 받아써

 ✿ 불러 주는 말을 잘 듣고, 빈칸에 받아써 보세요.

1

2

3

4

5

총정리

1. 햇볕 / 해볕 이 뜨겁다.

2. 담요 / 담뇨 를 덮고 잤다.

3. 비길 / 빗길 에 미끄러졌다.

4. 등바지 / 등받이 를 뒤로 젖혔다.

5. 집으로 편지를 부쳤다 / 붙였다 .

6. 내가 우리 집 맏이 / 마지 다.

7. 사건을 샅샅이 / 샅사치 파헤쳤다.

8. 깃발 / 기발 을 흔들며 입장했다.

9. 학교는 지하철력 / 지하철역 에서 멀다.

10. 눈병이 나서 눈냑 / 눈약 을 넣었다.

11. 계속 혼잣말 / 혼자말 을 했다.

12. 뒤모습 / 뒷모습 만 바라보았다.

13. 쇠부치 / 쇠붙이 에 녹이 슬었다.

14. 옷에 페인트를 무쳤다 / 묻혔다 .

15. 한여름 / 한녀름 이 시작되었다.

16. 내물 / 냇물 이 꽁꽁 얼었다.

17. 물건에 가격표를 부쳤다 / 붙였다 .

18. 고사리를 무쳐 / 묻혀 먹었다.

19. 다친 / 닫힌 곳에 약을 발랐다.

20. 꽃닙 / 꽃잎 이 바람에 흩날렸다.

실전 받아쓰기

✿ 불러 주는 말을 잘 듣고, 빈칸에 받아써 보세요.

이름

1	2	3	4	5	6	7	8	9	10

1DAY
2DAY
3DAY
4DAY
5DAY
6DAY
7DAY
8DAY
9DAY
10DAY
11DAY
12DAY
13DAY
14DAY
15DAY
16DAY
17DAY
18DAY
19DAY
20DAY
21DAY
22DAY
23DAY
24DAY
25DAY
26DAY
27DAY
28DAY
29DAY
30DAY

109

26 DAY 겹받침을 써야 하는 낱말

1단 구분해

☆ 불러 주는 말을 듣고, 두 번씩 읽으며 빨간색 낱말을 익혀 보세요.

1 복숭아 값이 얼마예요?

2 동생 몫까지 다 먹었다.

3 자리에 앉아 주세요.

4 학교 운동장이 넓어요.

5 그네를 타기 싫어요.

6 우리 이모는 젊다.

7 날마다 책을 읽어요.

기적쌤의 찐소리 특강

빨간색 낱말들의 받침을 봐. 서로 다른 두 개의 자음으로 이루어져 있지?

이것을 겹받침이라고 해. 따라해 봐. 겹! 받! 침!

겹받침은 두 개의 자음 중 하나로 소리 나지만

원래 받침을 살려서 두 개를 모두 쓰는 거야!

하나만 쓰면 틀려! 순서도 틀리면 안 돼!

서로 다른 두 개의 받침~

1 DAY
2 DAY
3 DAY
4 DAY
5 DAY
6 DAY
7 DAY
8 DAY
9 DAY
10 DAY
11 DAY
12 DAY
13 DAY
14 DAY
15 DAY
16 DAY
17 DAY
18 DAY
19 DAY
20 DAY
21 DAY
22 DAY
23 DAY
24 DAY
25 DAY
26 DAY
27 DAY
28 DAY
29 DAY
30 DAY

2단 반복해 ✿ 낱말을 또박또박 여러 번 써 보세요.

1 **넓적하다** [넙쩌카다]
⊕ 넓이 / 드넓다

2 **핥다** [할따]
㉠ 사탕을 혀로 <u>핥다</u>.

3 **싫어하다** [시러하다]
⊕ 싫증

4 **주저앉다** [주저안따]
⊕ 둘러앉다 / 올라앉다

5 **젊은이** [절므니]
⊕ 젊음

6 **끊다** [끈타]
⊕ 끊임없이

7 **읊다** [읍따]
㉠ 시를 <u>읊다</u>.

8 **짧다** [짤따]
㉠ 바지가 <u>짧다</u>.

9 **괜찮다** [괜찬타]
㉠ 성격이 <u>괜찮다</u>.

10 **잃다** [일타]
⊕ 잃어버리다

1 낱말을 바르게 쓴 것에 색칠하고, 빈칸에 다시 써 보세요.

1 끈다   끊다   끊다

2 을다   읇다   읊다

3 짤다   짦다   짧다

4 널비   넓이   넓이

5 얄다   얇다   얇다

2 밑줄 친 낱말을 바르게 고쳐 써 보세요.

1 돈을 <u>일어버려서</u> 속상해.

→

2 <u>실어하는</u> 음식이 뭐야?

→

3 넘어져도 <u>괜찬아</u>.

→

4 <u>끈임업이</u> 노력했어요.

→

5 배추 <u>갑이</u> 너무 비싸요.

→

6 날씨가 <u>말가요</u>.

→

3 불러 주는 말을 잘 듣고, ☐ 안에 알맞은 낱말을 받아써 보세요.

1 | 금 | 방 | | | 이 | | 나 | 요 | . |

2 | 길 | 바 | 닥 | 에 | | | | 울 | 었 | 다 | . |

3 | 가 | 난 | 한 | | | 가 | | 있 | 었 | 어 | 요 | . |

4 | 개 | 가 | | 주 | 인 | 의 | | 얼 | 굴 | 을 | | |

5 | | | | 벌 | 판 | 이 | | 펼 | 쳐 | 져 | | 있 | 다 | . |

4단 받아써

✿ 불러 주는 말을 잘 듣고, 빈칸에 받아써 보세요.

1

2

3

4

5

외워야 하는 낱말

안, 않- / 돼-, 되- / -예요, -에요

🔵 **1단 구분해** ✿ 불러 주는 말을 듣고, 두 번씩 읽으며 빨간색 낱말을 익혀 보세요.

안	'아니'를 줄인 말.

• 떡을 안 먹는다. ☐ ☐

않-	'아니 하'를 줄인 말.

• 떡을 먹지 않는다. ☐ ☐

돼-	'되어'를 줄인 말.

• 다시 만나게 돼서 기뻐. ☐ ☐

되-	'되다'의 '되-'.

• 경찰관이 되고 싶어요. ☐ ☐

기적쌤의 찐소리 특강

'아니'와 바꾸어 쓸 수 있으면
→ '안'

바꾸어 쓸 수 없으면
→ '않-'

'되어'와 바꾸어 쓸 수 있거나
문장 끝에 올 때에는
→ '돼-'

그렇지 않을 때에는
→ '되-'

1 DAY
2 DAY
3 DAY
4 DAY
5 DAY
6 DAY
7 DAY
8 DAY
9 DAY
10 DAY
11 DAY
12 DAY
13 DAY
14 DAY
15 DAY
16 DAY
17 DAY
18 DAY
19 DAY
20 DAY
21 DAY
22 DAY
23 DAY
24 DAY
25 DAY
26 DAY
27 DAY
28 DAY
29 DAY
30 DAY

-예요 '이에요'를 줄인 말.

선풍기이에요.
↓
선풍기예요.

• 새로 산 선풍기예요. ☐ ☐

-에요 '이다', '아니다'의 '다' 대신 쓸 수 있는 말.

• 짝이 빌려준 책이에요. ☐ ☐

받침이 없는 말이나
사람 이름 뒤에 붙을 때에는 → '-예요'

그렇지 않을 때에는 → '-에요'

2단 반복해

✿ 낱말을 또박또박 따라 써 보세요.

1 숙제를 안 했다.

2 숙제를 하지 않 았다.

3 긴장이 돼 서 못 뛰겠어.

4 졸면 안 돼 .

5 연필 좀 써도 되 니?

6 겨울이 되 었다.

7 제가 할 차례 예 요 .

8 제 이름은 정훈이 예 요 .

9 내가 한 게 아니 에 요 .

10 나는 초등학생이 에 요 .

115

3단 연습해

1 빈칸에 들어갈 알맞은 낱말을 찾아 선으로 이어 보세요.

1   이것은 제 실내화가 (   ).   •

2   내 목소리가 (   ) 들리니?   •

3   운동화를 신지 (   ).   •

4   그렇게 놀기만 하면 안 (   ).   •

• 아니에요
• 아니예요

• 안
• 않

• 안았다
• 않았다

• 되
• 돼

2 문장에 어울리는 낱말에 ○표 하고, 빈칸에 다시 써 보세요.

1 겪은 일을 말하면   되 │ 돼   .

2 삼촌은 취미가   뭐에요 │ 뭐예요 ?

3 컵 안에 들어 있는 것은   물이에요 │ 물이예요 .

4 너와 같은 편이   되었으면 │ 돼었으면   좋겠다.

5 과자를 사 달라고 떼쓰지   안기로 │ 않기로   약속하자.

116

3 불러 주는 말을 잘 듣고, ☐ 안에 알맞은 낱말을 받아서 보세요.

| 1 | 언 | 니 | 는 | | | | | | | | . | |

| 2 | 수 | 업 | | 시 | 간 | 에 | | 졸 | 면 | | 안 | | | . |

| 3 | 겨 | 울 | 이 | | | | | 썰 | 매 | 를 | | 타 | 고 |

| 4 | 약 | 을 | | | | 먹 | 었 | 어 | 요 | . |

| 5 | 장 | 갑 | 을 | | 끼 | 지 | | | | |

4단 받아써

✿ 불러 주는 말을 잘 듣고, 빈칸에 받아서 보세요.

1	
2	
3	
4	
5	

왠지, 웬 / -ㄹ게, 거야 / 깨끗이, 열심히

1단 구분해

✿ 불러 주는 말을 듣고, 두 번씩 읽으며 빨간색 낱말을 익혀 보세요.

왠지 ○	웬지 ✕

• 왠지 기분이 좋아. ☐ ☐

왼 ✕	웬 ○

• 웬 비가 이렇게 오니? ☐ ☐

-ㄹ게 ○	-ㄹ께 ✕

• 내가 도와줄게. ☐ ☐

거야 ○	꺼야 ✕

• 매일 일기를 쓸 거야. ☐ ☐

기적쌤의 찐소리 특강

'왜 그런지'와 바꾸어 쓸 수 있으면
→ '왠지'

바꾸어 쓸 수 없으면
→ '웬'

ㄱ을 넣어 외쳐 보자!
할게, 쓸게, 할 거야, 쓸 거야.

'-ㄹ게'와 '거야'는
→ 'ㄲ' 아니고 'ㄱ'을 넣어서 써.

깨끗이 ○ | 깨끗히 ✕

· 손을 깨끗이 씻어요. ☐ ☐

열심이 ✕ | 열심히 ○

· 노래를 열심히 불러요. ☐ ☐

깨끗이, 가까이, 곰곰이, 틈틈이 등은
→ '이' 이이

열심히, 간단히, 조용히, 가만히 등은
→ '히' 히히

2단 반복해

✿ 낱말을 또박또박 따라 써 보세요.

1 [왜 지] 엄마가 생각나.

2 [왜 지] 실수할 것 같아.

3 [웬] 차가 집 앞에 서 있다.

4 이게 [웬] 떡이야?

5 선물을 줄[게].

6 내가 발표할[게].

7 좋은 일이 생길 [거 야].

8 청소부터 할 [거 야].

9 방을 [깨 끗 이] 치웠다.

10 [열 심 히] 준비했어.

1 문장에 어울리는 낱말에 ○표 해 보세요.

1 창문을   깨끗이 ┊ 깨끗히   닦았구나!

2 수업 시간에는   조용이 ┊ 조용히   해라.

3 오늘은 나 먼저 집에   갈게 ┊ 갈께 .

4 갑자기   왠 ┊ 웬   구두를 신었니?

5 오늘은   왠지 ┊ 웬지   좋은 일이 있을 것 같아.

2 다음 낱말 카드에서 빈칸에 들어갈 알맞은 낱말을 찾아 써넣어 보세요.

1   거야   꺼야   앞으로 거짓말을 하지 않을 ☐.

2   왠지   웬지   어제는 ☐ 잠이 안 오더라.

3   연락할게   연락할께   학원에 갔다 와서 ☐.

4   가까이   가까히   나에게 ☐ 다가와 봐.

5   가만이   가만히   다리가 부러져서 ☐ 누워 있어야 해.

3 불러 주는 말을 잘 듣고, ☐ 안에 알맞은 낱말을 받아써 보세요.

1 | | | 실 | 수 | 할 | | 것 | | 같 | 아 | . | |

2 | | | 생 | 각 | 해 | | 보 | 았 | 다 | . | |

3 | 책 | 을 | 한 | | 권 | 소 | 개 | 해 | | | . |

4 | 다 | 시 | 할 | | | . |

5 | | 차 | 가 | 집 | 앞 | 에 | | 서 | | 있 | 다 . |

4단 받아써

☆ 불러 주는 말을 잘 듣고, 빈칸에 받아써 보세요.

1

2

3

4

5

총정리

✿ 낱말을 바르게 쓴 것에 ○표 하세요.

1 온 가족이 ┌ 둘러안자 / 둘러앉아 ┐ 밥을 먹었다.

2 할머니는 ┌ 절머지는 / 젊어지는 ┐ 샘물을 마셨다.

3 도서관에서 떠들면 ┌ 안 / 않 ┐ 됩니다.

4 우리 엄마는 ┌ 간호사에요 / 간호사예요 ┐ .

5 골목을 ┌ 깨끗이 / 깨끗히 ┐ 청소하였다.

6 음식을 골고루 먹을 ┌ 거야 / 꺼야 ┐ .

7 낮부터 눈이 ┌ 끈임업이 / 끊임없이 ┐ 내렸다.

8 ┌ 널븐 / 넓은 ┐ 광장에 사람들이 모였다.

9 지우는 아무 말도 하지 ┌ 안았다 / 않았다 ┐ .

10 봄이 ┌ 되면 / 돼면 ┐ 새싹이 돋아납니다.

11 떨어진 연필은 제 ┌ 거에요 / 거예요 ┐ .

12 조금 더 놀아도 ┌ 괜찬지 / 괜찮지 ┐ ?

13 이제 비행기를 ┌ 탈게 / 탈께 ┐ .

14 이 영화는 ┌ 왠지 / 웬지 ┐ 슬플 것 같아.

15 머리를 ┌ 짤게 / 짧게 ┐ 잘랐구나!

16 남은 주스를 내가 다 마셔도 ┌ 되 / 돼 ┐ ?

17 ┌ 얄븐 / 얇은 ┐ 담요라도 덮어라.

18 아이스크림을 ┌ 할타 / 핥아 ┐ 먹었다.

19 오늘은 공기가 참 ┌ 말구나 / 맑구나 ┐ !

20 ┌ 왠 / 웬 ┐ 아이가 울고 있네.

실전 받아쓰기

정

✿ 불러 주는 말을 잘 듣고, 빈칸에 받아써 보세요.

1	2	3	4	5	6	7	8	9	10

1DAY
2DAY
3DAY
4DAY
5DAY
6DAY
7DAY
8DAY
9DAY
10DAY
11DAY
12DAY
13DAY
14DAY
15DAY
16DAY
17DAY
18DAY
19DAY
20DAY
21DAY
22DAY
23DAY
24DAY
25DAY
26DAY
27DAY
28DAY
29DAY
30DAY

종합 받아쓰기 1회

◈ 불러 주는 말을 잘 듣고, 빈칸에 받아써 보세요.

점

1	2	3	4	5	6	7	8	9	10

종합 받아쓰기 2회

✿ 불러 주는 말을 잘 듣고, 빈칸에 받아써 보세요.

점

1	
2	
3	
4	
5	
6	
7	
8	
9	
10	

1 DAY
2 DAY
3 DAY
4 DAY
5 DAY
6 DAY
7 DAY
8 DAY
9 DAY
10 DAY
11 DAY
12 DAY
13 DAY
14 DAY
15 DAY
16 DAY
17 DAY
18 DAY
19 DAY
20 DAY
21 DAY
22 DAY
23 DAY
24 DAY
25 DAY
26 DAY
27 DAY
28 DAY
29 DAY
30 DAY

✿ [____] 안에 알맞은 그림을 보기 에서 찾아 번호를 써 보세요.

✿ 빨간 모자를 쓴 아이가 할머니 댁에 무사히 도착할 수 있도록 길을 찾아 주세요.

지은이 기적학습연구소

"혼자서 작은 산을 넘는 아이가 나중에 큰 산도 넘습니다"

본 연구소는 아이들이 혼자서 큰 산까지 넘을 수 있는 힘을 키워주고자 합니다.
아이들의 연령에 맞게 학습의 산을 작게 만들어 혼자서도 쉽게 넘을 수 있게 만듭니다.
때로는 작은 고난도 경험하게 하여 성취감도 맛보게 합니다.
그리고 아이들에게 실제로 적용해서 검증을 통해 차근차근 책을 만들어 갑니다.
아이가 주인공인 기적학습연구소 [국어과]의 대표적 저작물은 〈기적의 독해력〉, 〈기적의 독서 논술〉,
〈4주 만에 완성하는 바른 글씨〉 등이 있습니다.

 맞춤법 절대 안 틀리는 받아쓰기

초판 발행 2023년 1월 1일
초판 4쇄 발행 2023년 12월 25일

지은이 기적학습연구소
발행인 이종원
발행처 길벗스쿨
출판사 등록일 2006년 6월 16일
주소 서울시 마포구 월드컵로 10길 56(서교동 467-9)
대표 전화 02)332-0931   **팩스** 02)323-0586
홈페이지 www.gilbutschool.co.kr   **이메일** gilbut@gilbut.co.kr

기획 신경아(skalion@gilbut.co.kr)   **책임 편집 및 진행** 박은숙, 유명희
제작 이준호, 손일순, 이진혁, 김우식   **영업마케팅** 문세연, 박선경, 박다슬   **웹마케팅** 박달님, 이재윤
영업관리 김명자, 정경화   **독자지원** 윤정아, 전희수

표지 디자인 유어텍스트 배진웅   **본문 디자인 및 전산 편집** 스튜디오 서로 성지현
본문 일러스트 이탁근   **녹음** 베이비샤크뮤직스튜디오누보(주)   **성우** 김연우
인쇄 및 제본 상지사피앤비

▶ 잘못 만든 책은 구입한 서점에서 바꿔 드립니다.
▶ 이 책은 저작권법에 따라 보호받는 저작물이므로 무단전재와 무단복제를 금합니다.
  이 책의 전부 또는 일부를 이용하려면 반드시 사전에 저작권자와 출판사 이름의 서면 동의를 받아야 합니다.

ISBN 979-11-6406-484-7 63710 (길벗스쿨 도서번호 10859)
정가 12,000원

독자의 1초를 아껴주는 정성 **길벗출판사** ....

길벗스쿨 국어학습서, 수학학습서, 유아콘텐츠유닛, 주니어어학 1/2, 어린이교양 1/2, 교과서, 길벗스쿨콘텐츠유닛
길벗 IT실용서, IT/일반 수험서, IT전문서, 어학단행본, 어학수험서, 경제실용서, 취미실용서, 건강실용서, 자녀교육서
더퀘스트 인문교양서, 비즈니스서

앗!
정답지를 분실하셨나요?

길벗스쿨 홈페이지로 들어오세요.
도서 자료실에 딱 준비되어 있습니다.

[길벗스쿨]

맞춤법
절대 안 틀리는
받아쓰기

정답 &
학부모를 위한
맞춤법 특강

맞춤법
절대 안 틀리는
받아쓰기

정답 &
학부모를 위한
맞춤법 특강

길벗스쿨

준비 학습

10쪽

1
1 ㉡ ○ 2 ㉠ ○
3 ㉠ ○ 4 ㉡ ○

2 지금 너무 졸려.

11쪽

1
1 ㉡ ○ 2 ㉠ ○
3 ㉡ ○ 4 ㉠ ○

2 우리는 버스를 탔어요.

12쪽

1
1 ㉡ ○ 2 ㉠ ○
3 ㉠ ○ 4 ㉡ ○

2 새 신발을 샀어요.

13쪽

1
1 ㉡ ○ 2 ㉠ ○
3 ㉠ ○ 4 ㉠ ○

2 나무를 세 그루 심었다.

14쪽

1
1 ㉡ ○ 2 ㉠ ○
3 ㉠ ○

2 비가 내릴 줄 알았다.

15쪽

1
1 ㉠ ○ 2 ㉡ ○
3 ㉡ ○

2 김밥, 어묵, 튀김을 먹자.

16쪽

1
1 ㉠ ○ 2 ㉡ ○
3 ㉠ ○

2
1 너는 몇 살이니?
2 빵이 참 맛있구나!

17쪽

1
1 ㉠ ○ 2 ㉡ ○
3 ㉠ ○

2
1 “ ”
2 ‘ ’

22~23쪽

1 1 낙엽   2 팔걸이   3 볶음밥
   4 학용품   5 책꽂이   6 연필깎이

2 1 일요일   2 쌀알   3 울음
   4 손잡이   5 맞이하기   6 엎어지다

3 1 귀걸이   2 밤알   3 쫓아오니
   4 깊이   5 끄덕이며

◯4단 받아써

1	자꾸 웃음만 나요.
2	책상의 높이가 낮다.
3	빈 깡통을 걷어차다.
4	금요일마다 영화를 봐요.
5	구슬이 사방으로 흩어져요.

학부모를 위한 **맞춤법 특강**

연음 법칙

받침+모음		이렇게 소리 나!
금요일	→	[그묘일]

받침 뒤의 글자가 모음자로 시작하면 받침이 뒤 글자의 첫소리로 넘어가서 소리 나는 것을 '연음 법칙'이라고 합니다. 받침 뒤에 모음자로 시작하는 글자가 오면 받침이 뒤 글자의 첫소리로 넘어가 소리 납니다. 예를 들어, 본책 20쪽에 나온 '금요일'은 받침 'ㅁ'이 뒤 글자의 첫소리로 넘어가서 [그묘일]로 소리 납니다. 본책 24쪽에 나온 '이름이'나 '안아요'처럼 낱말 뒤에 '이'나 '–아요'와 같은 말이 올 때에도 받침이 뒤 글자의 첫소리로 넘어가서 각각 [이르미], [아나요]로 소리 납니다.

아이에게 받침이 있는 글자 뒤에 모음자로 시작하는 글자가 오면 받침이 뒤 글자로 넘어가 소리 난다는 것을 알려 주세요. 그리고 쓸 때에는 받침을 살려서 쓸 수 있도록 해 주세요.

26~27쪽

1 1 얼었다   2 꽂아   3 찾았다
   4 곳이니   5 빠졌어요   6 잊어

2 1 트럭을   2 밭으로   3 안아요
   4 맡아요   5 김밥이   6 공원이

3 1 부엌에서   2 수줍은   3 잤어요
   4 숯을   5 얼어서

◯4단 받아써

1	조용한 곳으로 가자.
2	우리 저녁에 만나자.
3	너는 이름이 뭐니?
4	아기가 젖을 먹는다.
5	친구에게 받은 선물이다.

30~31쪽

1 1 반듯이   2 걸음   3 너머
   4 거름   5 넘어   6 반드시

2 1 반드시   2 걸음   3 넘어
   4 반듯이   5 너머   6 거름

3 1 걸음   2 반듯이   3 넘어
   4 거름   5 너머

◯4단 받아써

1	밭에 거름을 주다.
2	담을 넘어 들어가다.
3	나는 걸음이 빠르다.
4	반드시 약속을 지키다.
5	강 너머에 집이 있다.

4DAY

34~35쪽

1   1 저리다   2 절이다   3 다리다
    4 버리다

2   1 벌였다   2 달였다   3 절인
    4 버려야   5 저려서

3   1 벌이지   2 다렸다   3 달이는
    4 버리지   5 절여

4단 받아써

1	다	리	가		너	무		저	리	다	.		

1 다리가   너무   저리다.
2 동생의   약을   달이다.
3 집에서   잔치를   벌이다.
4 배추를   소금에   절이다.
5 휴지통에   쓰레기를   버리다.

5DAY

36~37쪽

1 젖은   2 깊어요
3 아침에   4 쫓아가서
5 왼손잡이   6 저려
7 입어서   8 연필꽂이
9 여럿이   10 버려야
11 졸음   12 목걸이
13 달여   14 떡볶이
15 믿음이   16 걷어차고
17 걸음   18 밭에
19 넘어   20 반듯이

실전 받아쓰기

1 낙엽들이   흩어져   있다.
2 설탕에   절여서   맛있구나!
3 내일은   반드시   이기겠다.
4 친구와   말다툼을   벌였다.
5 고개   너머에   마을이   있다.
6 자, 연필, 가위를   꽂았어요.
7 개가   고기   냄새를   맡았다.
8 월요일에   볶음밥을   먹었니?
9 방으로   들어가다   엎어졌어요.
10 부엌에   있는   사람은   누구야?

6 DAY

40~41쪽

1 1 세모   2 데려가다   3 세수
    4 끝내   5 올해   6 수레

2 1 마침네 → 마침내   2 새헤 → 새해
    3 둘래 → 둘레   4 마게 → 마개
    5 엊그재 → 잊그제   6 새배 → 세배

3 1 베개   2 어제   3 깨뜨려서
    4 동네   5 헤어졌어

4단 받아써

1	게	으	른		농	부	가		있	었	다	.
2	아	침	마	다		체	조	를		해	요	.
3	비	가		세	차	게		내	렸	다	.
4	가	운	데		자	리	가		비	었	다	.
5	지	우	개		좀		빌	려	줘	.

7 DAY

44~45쪽

1 1 때다   2 베다   3 배다
    4 떼다   5 메고   6 매고

2 1 베다   2 베고   3 메었다
    4 매어   5 떼었다

3 1 베었다   2 떼다   3 매었습니다
    4 배어   5 메다

4단 받아써

1	신	발		끈	을		매	다	.
2	낫	으	로		벼	를		베	다	.
3	옷	에		고	기		냄	새	가		배	다	.
4	새	로		산		가	방	을		메	다	.
5	책	에		붙	은		종	이	를		떼	다	.

8 DAY

48~49쪽

1 1 체중계   2 경례   3 쟤
    4 차례   5 지폐   6 모래시계

2 1 계속   2 계획   3 계단
    4 한차례   5 예절   6 계산하다

3 1 지혜   2 걔   3 계절
    4 얘기   5 차례차례

4단 받아써

1	얘	가		내		동	생	이	야	.
2	은	혜	를		잊	지		않	겠	습	니	다	.
3	시	계	를		보	니		열		시	였	다	.
4	폐	품	으	로		만	든		인	형	이	야	?
5	형	은		예	의	가		바	르	다	.

9 DAY

52~53쪽

1 1 회전문   2 유쾌하다   3 괘씸하다
    4 스웨터   5 후회   6 참외

2 1 열쇠   2 꽹과리   3 외톨이
    4 궤짝   5 외삼촌   6 왼쪽

3 1 훼방   2 외아들   3 왜냐하면
    4 왼손   5 꿰뚫다

4단 받아써

1	팽	이	가		회	전	을		해	요	.
2	저		할	머	니	는		구	두	쇠	야	.
3	자	연	을		훼	손	하	지		말	자	.
4	구	멍		난		양	말	을		꿰	매	요	.
5	기	분	이		무	척		상	쾌	해	요	.

10 DAY

54~55쪽

1	데려갔다	2	손목시계
3	우회전	4	열쇠고리
5	네모	6	때다
7	마개	8	훼손하지
9	왼발	10	차례
11	상쾌하네	12	얘기
13	후회	14	끝내
15	메고	16	계산해
17	얘	18	체조
19	둘레	20	깨뜨렸어요

실전 받아쓰기

1 어제 왼손을 다쳤어요.
2 새해 아침에 세배를 합니다.
3 마침내 회전목마를 탔어요.
4 계단 가운데에서 봐.
5 형은 불쾌한 표정을 지었다.
6 벽에 붙은 종이를 떼다.
7 쟤는 무척 게으르구나!
8 친구와 헤어져서 서운하지?
9 바지에 난 구멍을 꿰매다.
10 톱으로 나무를 베다.

11 DAY

58~59쪽

1
1	문밖	2	남녘	3	낚시
4	닦다	5	들녘	6	색깔

2
1 꺽다 → 꺾다		2 설다 → 섞다
3 닥고 → 닦고		4 창밝 → 창밖
5 썪고 → 썩고		6 격고 → 겪고

3
1	안팎	2	닦기	3	새벽녘
4	낚다	5	기억		

4단 받아써

1 리본 묶기는 어려워.
2 부엌 청소를 했어요.
3 서녘 하늘이 아름답구나!
4 교실 밖 상황은 어때?
5 어두운 색 신발만 신어요.

학부모를 위한 맞춤법 특강

음절의 끝소리 규칙(받침이 [ㄱ]으로 소리 나는 낱말)

밖[박]   부엌[부억]

우리말에는 여러 자음이 받침(끝소리)으로 오지만 읽을 때에는 'ㄱ, ㄴ, ㄷ, ㄹ, ㅁ, ㅂ, ㅇ' 중에서 하나로 발음됩니다. 이것을 '음절의 끝소리 규칙'이라고 합니다. '음절'은 '연필'의 [연], [필]과 같이 소리 나는 대로 썼을 때 한 글자, 한 글자를 말하는 것이지요. 그중에서 받침 'ㄱ, ㄲ, ㅋ'은 대표음 [ㄱ]으로 소리 납니다. 본책 56쪽에 나온 '밖'과 '부엌'은 받침이 'ㄲ'과 'ㅋ'이지만 [ㄱ]으로 소리 나기 때문에 '밖'은 [박], '부엌'은 [부억]으로 발음됩니다.

아이에게 받침 'ㄱ'뿐만 아니라 받침 'ㄲ, ㅋ'도 [ㄱ]으로 소리 난다는 것을 알려 주세요. 그리고 쓸 때에는 받침이 [ㄱ]으로 소리 난다고 해서 무조건 'ㄱ'으로 쓰지 않도록 해 주세요.

12DAY

62~63쪽

1
1 ㅊ, 불빛　　2 ㅈ, 낮잠　　3 ㅅ, 힘껏
4 ㅌ, 날개　　5 ㄷ, 곧장

2
1 송곧 → 송곳　　　　　2 온갗 → 온갖
3 바깟쪽 → 바깥쪽　　　4 여섣 → 여섯
5 땡벚 → 땡볕　　　　　6 살갗 → 살갗

3
1 볕　　　　2 묻다　　　3 실컷
4 낱자　　　5 낫지

4단 받아써

1	빛	좀	비	춰	봐	.		
2	낮	기	온	이	내	려	갔	다 .
3	맛	좋	은	사	과	를	팔	아 요 .
4	어	머	니	께	서	곧	오	실 거 야 .
5	나	비	도	보	고	꽃	도	보 았 어 .

학부모를 위한 맞춤법 특강

음절의 끝소리 규칙(받침이 [ㄷ]으로 소리 나는 낱말)

맛[맏]	낮[낟]
빛[빋]	끝[끋]

　받침 'ㄷ, ㅅ, ㅆ, ㅈ, ㅊ, ㅌ, ㅎ'은 대표음 [ㄷ]으로 소리 납니다. 예를 들어, 본책 60쪽에 나온 '맛', '낮', '빛', '끝'은 받침이 각각 'ㅅ', 'ㅈ', 'ㅊ', 'ㅌ'이지만 모두 [ㄷ]으로 소리 납니다. 그래서 '맛'은 [맏], '낮'은 [낟], '빛'은 [빋], '끝'은 [끋]으로 발음됩니다. 또한 '있다'는 [읻따], '히읗'은 [히은]으로 발음됩니다.
　아이에게 받침 'ㄷ'뿐만 아니라 받침 'ㅅ, ㅆ, ㅈ, ㅊ, ㅌ, ㅎ'도 [ㄷ]으로 소리 난다는 것을 알려 주세요. 그리고 쓸 때에는 받침이 [ㄷ]으로 소리 난다고 해서 무조건 'ㄷ'으로 쓰지 않도록 해 주세요.

13DAY

66~67쪽

1
1 빗다　　2 짖고　　3 같다
4 짓는　　5 갖고

2
1 빗었다　　2 같다　　3 빗었다
4 갖고　　　5 짓고

3
1 짓고　　　2 갖기로　　3 빗다
4 짖다　　　5 빗고

4단 받아써

1	집	을	새	로	짓	다	.	
2	내	가	책	을	갖	다	.	
3	손	의	모	양	이	같	다	.
4	작	은	항	아	리	를	빚	다 .
5	빗	으	로	머	리	를	빗	다 .

1
1 늪	2 덮개	3 볏짚
4 무릎	5 집게	6 옆쪽

2
1 정닶 → 정답	2 엎다 → 업다
3 십다 → 싶다	4 갑지 → 갚지
5 업드리다 → 엎드리다	6 드놉다 → 드높다

3
1 집지	2 짚신	3 헝겊
4 엎질렀어요	5 풀숲	

4단 받아써

1	숲		쪽	으	로		걸	어	갔	습	니	다	.

2	이	불	을		덮	고		자	라	.

3	어	머	니	를		돕	고		있	다	.

4	학	교		앞		문	방	구	에	서		볼	까	?

5	잎	과		줄	기	에		가	시	가		있	다	.

학부모를 위한 맞춤법 특강

음절의 끝소리 규칙(받침이 [ㅂ]으로 소리 나는 낱말)

숲[숩]   잎[입]

받침 'ㅂ'과 'ㅍ'은 대표음 [ㅂ]으로 소리 납니다. 예를 들어, 본책 68쪽에 나온 '숲', '잎'은 받침이 'ㅍ'이지만 [ㅂ]으로 소리 납니다. 그래서 '숲'은 [숩], '잎'은 [입]으로 발음됩니다.

아이에게 받침 'ㅂ'뿐만 아니라 받침 'ㅍ'도 [ㅂ]으로 소리 난다는 것을 알려 주세요. 그리고 쓸 때에는 받침이 [ㅂ]으로 소리 난다고 해서 무조건 'ㅂ'으로 쓰지 않도록 해 주세요.

1 빗었다	2 숲길
3 빗다	4 마음껏
5 낫다	6 낱개
7 헝겊	8 들녘
9 빛깔	10 갖기로
11 무릎	12 밀짚모자
13 끝소리	14 싶다
15 같다	16 묶고
17 색칠	18 뒤섞다
19 밤낮	20 북녘

실전 받아쓰기

1	꽃	을		꺾	지		마	라	.

2	도	자	기	를		빚	고		있	니	?

3	나	와		짝	은		키	가		같	다	.

4	그	릇	을		다	섯		개		샀	다	.

5	친	구	에	게		빌	린		돈	을		갚	다	.

6	맛	도		좋	고		영	양	가	도		높	다	.

7	바	깥		공	기	는		아	직		차	갑	다	.

8	우	리	가		살		집	을		짓	고		있	다	.

9	동	생	을		업	고		있	어	서		힘	들	다	.

10	성		안	팎		마	을	을		둘	러	보	았	다	.

76~77쪽

1️⃣ 꽃밭 / 눈빛 / 늦다 / 숟가락 / 옆구리 / 꽃다발

2️⃣ 1 눈찟 → 눈짓　　　　2 낮썰다 → 낮설다
　 3 돋뽀기 → 돋보기　　　4 꽃뼝 → 꽃병
　 5 부엌꽈 → 부엌과　　　6 있떤 → 있던

3️⃣ 1 눈가　　　2 밥상　　　3 밤길
　 4 발가락　　5 늦게

🎵4단 받아써

1	옆	집		아	저	씨	께		인	사	했	어	요	.	
2	발	바	닥	에		가	시	가		박	혔	다	.		
3	밥	솥	에		밥	을		하	다	.					
4	나	는		키	가		작	다	.						
5	속	도	가		점	점		느	려	져	요	.			

학부모를 위한 **맞춤법 특강**

된소리되기

받침+자음
속 도 → 이렇게 소리 나! **[속 또]**

　받침 뒤에 있는 글자의 첫소리가 된소리로 소리 나는 것을 '된소리되기'라고 합니다. 앞 글자의 받침 'ㄱ(ㄲ, ㅋ), ㄷ(ㅅ, ㅆ, ㅈ, ㅊ, ㅌ), ㅂ(ㅍ)' 뒤에 오는 'ㄱ, ㄷ, ㅂ, ㅅ, ㅈ'은 된소리 [ㄲ, ㄸ, ㅃ, ㅆ, ㅉ]으로 소리 납니다. 예를 들어, 본책 74쪽에 나온 '속도'는 '속'의 받침 'ㄱ' 뒤에 오는 'ㄷ'이 된소리인 [ㄸ]으로 소리 나 [속또]로 발음됩니다. '발바닥', '눈짓' 등과 같이 다른 된소리되기 규칙이 적용되는 경우도 있습니다.
　아이에게 받침 뒤에 오는 첫 자음자가 된소리로 소리 날 수 있다는 것을 알려 주세요. 그리고 된소리로 소리 나더라도 쓸 때에는 원래 자음자를 살려 쓸 수 있도록 해 주세요.

80~81쪽

1️⃣ 1 앞문　　　2 입맞춤　　　3 대통령
　 4 협력　　　5 막내　　　　6 맏며느리

2️⃣ 1 박물관　　2 물난리　　　3 작년
　 4 실내　　　5 난로　　　　6 적는

3️⃣ 1 음료수　　2 국물　　　　3 물놀이
　 4 정류장　　5 닳는

🎵4단 받아써

1	호	랑	이	는		입	맛	만		다	셨	다	.	
2	설	날	에	는		떡	국	을		먹	어	요	.	
3	앞	마	당	에		나	무	를		심	자	.		
4	새	를		쫓	는		농	부						
5	골	목	에	서		줄	넘	기	를		했	다	.	

학부모를 위한 **맞춤법 특강**

자음 동화

　앞 글자의 받침과 뒤 글자의 첫소리가 서로 비슷하거나 같은 소리로 바뀌는 것을 '자음 동화'라고 합니다. 자음 동화가 일어나는 경우는 여러 가지가 있습니다.
① 받침 'ㄱ(ㄲ, ㅋ), ㄷ(ㅅ, ㅆ, ㅈ, ㅊ, ㅌ, ㅎ), ㅂ(ㅍ)'+첫소리 'ㄴ, ㅁ'→받침이 [ㅇ, ㄴ, ㅁ]으로 소리가 바뀜. 예 본책 78쪽 국물[궁물]
② 받침 'ㅁ, ㅇ'+첫소리 'ㄹ'→첫소리 'ㄹ'이 [ㄴ]으로 소리가 바뀜. 예 본책 78쪽 음료수[음ㆍ뇨수]
③ 받침 'ㄱ, ㅂ'+첫소리 'ㄹ'→첫소리 'ㄹ'이 [ㄴ]으로 소리가 바뀜. 예 본책 79쪽 협력[혐녁]
④ 받침 'ㄹ'+첫소리 'ㄴ' 또는 받침 'ㄴ'+첫소리 'ㄹ'→'ㄴ'이 [ㄹ]로 소리가 바뀜. 예 본책 78쪽 설날[설ㆍ랄], 본책 80쪽 난로[날ㆍ로]
　아이에게 앞 글자의 받침과 뒤 글자의 첫소리가 비슷하거나 같은 소리로 바뀌는 경우가 있음을 알려 주세요. 그리고 쓸 때에는 바뀌기 전 원래 자음자를 살려 쓸 수 있도록 해 주세요.

18 DAY

84~85쪽

1 잡히다 / 파랗게 / 내려놓다 / 커다랗다

2 1 축하해   2 좋다   3 낳다
   4 집어넣고   5 답답해   6 사이좋게

3 1 쌓고   2 노랗게   3 내놓다
   4 입학   5 맏형

4단 받아써

1	수	박	이		빨	갛	게		익	었	구	나	!
2	우	산	을		놓	고		왔	다	.			
3	차	에		부	딪	힐		뻔	했	어	.		
4	책	장	에		책	이		꽂	혀		있	다	.
5	급	하	게		교	실	로		뛰	어	갔	다	.

학부모를 위한 맞춤법 특강

거센소리되기

빨갛게[빨ː가케]

예사소리(ㄱ, ㄷ, ㅂ, ㅈ)가 거센소리(ㅋ, ㅌ, ㅍ, ㅊ)로 바뀌는 것을 '거센소리되기'라고 합니다. 거센소리되기가 일어나는 경우는 두 가지가 있습니다.

① 받침 'ㄱ, ㄷ, ㅂ, ㅈ' 뒤에 오는 말의 첫소리가 'ㅎ'일 때 'ㄱ, ㄷ, ㅂ, ㅈ'이 [ㅋ, ㅌ, ㅍ, ㅊ]으로 바뀌어 소리 남.
   예 본책 82쪽 급하게[그파게]

② 받침 'ㅎ' 뒤에 오는 말의 첫소리가 'ㄱ, ㄷ, ㅈ'일 때 'ㄱ, ㄷ, ㅈ'이 [ㅋ, ㅌ, ㅊ]으로 바뀌어 소리 남.
   예 본책 82쪽 빨갛게[빨ː가케]

아이에게 'ㄱ, ㄷ, ㅂ, ㅈ'과 'ㅎ'이 만나면 [ㅋ, ㅌ, ㅍ, ㅊ]으로 소리가 바뀐다는 것을 알려 주세요. 그리고 쓸 때에는 원래 자음자인 'ㄱ, ㄷ, ㅂ, ㅈ'과 'ㅎ'을 살려 쓸 수 있도록 해 주세요.

19 DAY

88~89쪽

1 1 어떻게   2 어떡해   3 시켰다
   4 마치고   5 식혔다

2 1 마친   2 식혀서   3 시켰다
   4 어떻게   5 맞힌

3 1 시켜도   2 어떡해   3 마칠
   4 맞혔어요   5 어떻게

4단 받아써

1	어	떻	게		앞	으	로		걷	지	?		
2	답	을		모	두		맞	히	다	.			
3	뜨	거	운		물	을		입	으	로		식	히	다	.
4	아	이	에	게		심	부	름	을		시	키	다	.
5	병	원		치	료	를		마	치	다	.		

20DAY

90~91쪽

1	꽃집	2	앞면
3	입맞춤	4	커다랗게
5	어떻게	6	발걸음
7	잡아넣다	8	마치고
9	갑자기	10	부닞이다
11	막내	12	낯선
13	괴롭히면	14	국물
15	올려놓다	16	밤중
17	껍질	18	빨갛게
19	입학식	20	닿는

실전 받아쓰기

1 그릇에 밥을 가득히 담다.
2 식탁에 숟가락을 놓다.
3 사이좋게 눈사람을 만들어요.
4 음료수를 사 오라고 시켰다.
5 형과 눈짓을 주고받았어요.
6 축하한다며 꽃다발을 주었다.
7 늦게 출발하면 어떡해.
8 박물관 앞에 정류장이 있다.
9 사용하기 편리해서 좋아요.
10 옆집 아이와 물놀이를 했다.

21DAY

94~95쪽

1
1 맏이	2 해돋이	3 금붙이
4 등받이	5 여닫이	6 굳히다

2
1 같이	2 겉이	3 낱낱이
4 물받이	5 곧이곧대로	6 걷히고

3
1 턱받이	2 해돋이	3 팥이
4 미닫이	5 샅샅이	

4단 받아쓰기

1 안개가 싹 걷히다.
2 다리 밑이 시원하구나!
3 쇠붙이를 불에 달구다.
4 굳이 알려고 하지 마.
5 아빠는 가을걷이로 바빠요.

학부모를 위한 맞춤법 특강

구개음화

받침 ㄷ+모음 ㅣ → 지
해돋이[해도지]

받침 ㅌ+모음 ㅣ → 치
쇠붙이[쇠부치]

자음 'ㄷ', 'ㅌ'이 모음 'ㅣ'를 만나면 각각 [ㅈ]과 [ㅊ]으로 바뀌어 소리 나는 것을 '구개음화'라고 합니다. 예를 들어, 본책 92쪽에 나온 '해돋이'는 받침 'ㄷ'이 모음 'ㅣ'를 만나 [ㅈ]으로 바뀌어 [해돚이]가 되지만 받침이 뒤 글자의 첫소리로 넘어가 [해도지]라고 발음됩니다. 본책 92쪽에 나온 '쇠붙이'도 받침 'ㅌ'이 모음 'ㅣ'를 만나 [ㅊ]으로 바뀌어 [쇠붗이]가 되지만 받침이 뒤 글자의 첫소리로 넘어가 [쇠부치]라고 발음됩니다. 본책 92쪽에 나온 '걷히다'는 '걷'의 받침 'ㄷ'이 뒤 글자 첫소리 'ㅎ'을 만나 [ㅌ]으로 거센소리가 된 다음 다시 모음 'ㅣ'를 만나 [거치다]라고 발음됩니다.

아이에게 자음 'ㄷ', 'ㅌ'이 모음 'ㅣ'와 만나면 각각 [ㅈ]과 [ㅊ]으로 소리가 바뀐다는 것을 알려 주세요. 그리고 쓸 때에는 원래 자음자인 'ㄷ'과 'ㅌ'을 살려서 쓸 수 있도록 해 주세요.

22DAY

98~99쪽

1
| 1 무치다 | 2 묻히다 | 3 다치다 |
| 4 닫히다 | 5 붙이다 | 6 부치다 |

2
| 1 다쳐서 | 2 붙이고 | 3 닫혔다 |
| 4 무친 | 5 묻힌 | 6 부쳐 |

3
| 1 무쳐 | 2 부쳤다 | 3 묻혀 |
| 4 닫혀 | 5 붙여 | |

4단 받아써

1	문	이		쾅		닫	히	다	.
2	종	이	를		벽	에		붙	이	다	.
3	옷	에		소	스	를		묻	히	다	.
4	친	구	에	게		편	지	를		부	치	다	.
5	넘	어	져	서		다	리	를		다	치	다	.

23DAY

102~103쪽

1
| 1 물약 | 2 솔잎 | 3 휘발유 |
| 4 땅콩엿 | 5 전철역 | |

2
| 1 한입 | 2 물엿 | 3 알약 |
| 4 색연필 | 5 설익은 | 6 스물여섯 |

3
| 1 맨입 | 2 식용유 | 3 서울역 |
| 4 들일 | 5 눈요기 | |

4단 받아써

1	추	우	면		담	요	를		덮	어	라	.
2	솜	이	불	은		참		따	뜻	하	구	나	!
3	새	파	란		풀	잎	이		돋	아	났	다	.
4	눈	약	을		한		방	울		넣	었	다	.
5	한	여	름	이	라		너	무		더	워	요	.

학부모를 위한 맞춤법 특강

'ㄴ' 첨가

ㄴ이 더해졌어!
눈+약[눈냑]

ㄹ이 더해졌어!
풀+잎[풀립]

두 개의 낱말이 합쳐져서 하나의 낱말을 이룰 때 앞 글자에 받침이 있고 뒤 글자의 첫소리가 '이, 야, 여, 요, 유'이면 뒤 글자에 'ㄴ'이 더해져서 소리 나는데, 이것을 'ㄴ 첨가'라고 합니다. 예를 들어, 본책 100쪽에 나온 '눈약'은 받침 'ㄴ' 뒤에 오는 글자의 첫소리가 '야'이므로, 'ㄴ'이 더해져 [눈냑]으로 소리가 납니다. 본책 100쪽에 나온 '풀입'도 'ㄴ' 첨가가 일어난 것입니다. 뒤 글자인 '잎'의 첫소리에 'ㄹ'이 더해진 것처럼 보이지만, 사실은 'ㄴ'이 더해져 [풀닙]이 된 뒤 자음 동화가 일어나 [풀립]으로 소리가 나는 것이지요.

아이에게 두 개의 낱말이 합쳐진 낱말인 경우에 없던 'ㄴ'이나 'ㄹ'이 더해져 소리가 날 수 있다는 것을 알려 주세요. 그리고 쓸 때에는 더해진 'ㄴ'이나 'ㄹ'를 빼고 쓸 수 있도록 해 주세요.

1 햇빛 / 뒷문 / 냇가 / 아랫집 / 나뭇잎 / 빗방울

2
1 비자루 → 빗자루　　2 노래말 → 노랫말
3 기발 → 깃발　　　　4 해살 → 햇살
5 비누물 → 비눗물　　6 바위돌 → 바윗돌

3
1 빗소리　　2 촛불　　3 노랫소리
4 등굣길　　5 아랫마을

○ 4단 받아써

1	숫	자	를		세		보	아	라	.

2	콧	구	멍	을		벌	름	거	렸	어	요	.

3	나	뭇	가	지	를		꺾	지		마	라	.

4	혼	잣	말	로		중	얼	거	렸	어	요	.

5	집	을		나	와		바	닷	가	로		갔	다	.

학부모를 위한 맞춤법 특강

사이시옷

〔ㅅ이 더해졌어!〕

바다 + 가 → 바닷가

　두 낱말이 합쳐져 하나의 낱말을 이룰 때 두 낱말 사이에 'ㅅ'을 붙이는 경우가 있는데, 이것을 '사이시옷'이라고 합니다. 사이시옷을 쓰는 경우는 여러 가지가 있는데, 대표적인 경우는 아래와 같습니다.
〈순우리말끼리 합쳐질 때 앞말이 모음으로 끝난 경우〉
① 뒷말의 첫소리가 된소리로 나는 경우
　예 본책 104쪽 바닷가[바닫까]
② 뒷말의 첫소리 'ㄴ, ㅁ' 앞에서 'ㄴ' 소리가 더해지는 경우
　예 본책 104쪽 혼잣말[혼잔말]
③ 뒷말의 첫소리 모음 앞에서 'ㄴㄴ' 소리가 더해지는 경우
　예 본책 105쪽 나뭇잎[나문닙]
　아이에게 두 낱말이 합쳐져 하나의 낱말을 이룰 때에는 'ㅅ'이 덧붙어 소리가 바뀌는 경우가 있다는 것을 알려 주세요. 그리고 쓸 때에는 'ㅅ' 받침을 넣어서 쓸 수 있도록 해 주세요.

1 햇볕　　　　2 담요
3 빗길　　　　4 등받이
5 부쳤다　　　6 맏이
7 샅샅이　　　8 깃발
9 지하철역　　10 눈약
11 혼잣말　　　12 뒷모습
13 쇠붙이　　　14 묻혔다
15 한여름　　　16 냇물
17 붙였다　　　18 무쳐
19 다친　　　　20 꽃잎

실전 받아쓰기

1	하	굣	길	에		비	를		맞	았	어	요	.

2	빨	간		색	연	필	이		필	요	해	요	.

3	시	멘	트	를		굳	히	는		중	이	야	.

4	비	눗	방	울	을		크	게		불	었	어	요	.

5	뱀	이		쥐	를		한	입	에		삼	켰	다	.

6	달	걀		하	나	만		부	쳐		주	세	요	.

7	창	문	이		닫	혀		있	어	서		덥	다	.

8	마	당	에		뭐	가		묻	혀		있	니	?

9	빵		속	에		팥	이		들	어		있	다	.

10	아	랫	사	람	도		친	절	하	게		대	해	라	.

26DAY

112~113쪽

1 1 끊다 　 2 읊다 　 3 짧다
　　 4 넓이 　 5 얇다

2 1 잃어버려서 　 2 싫어하는 　 3 괜찮아
　　 4 끊임없이 　 5 값이 　 6 맑아요

3 1 싫증 　 2 주저앉아 　 3 젊은이
　　 4 핥다가 　 5 드넓은

4단 받아써

1	우리		이모는		젊다	.
2	날마다		책을		읽어요	.
3	동생		몫까지		다		먹었다	.
4	그네를		타기		싫어요	.
5	자리에		앉아		주세요	.

학부모를 위한 맞춤법 특강

겹받침

　서로 다른 두 개의 자음으로 이루어진 받침을 '겹받침'이라고 합니다. 겹받침에는 'ㄳ, ㄵ, ㄶ, ㄺ, ㄻ, ㄼ, ㄽ, ㄾ, ㄿ, ㅀ, ㅄ'이 있는데, 경우에 따라 두 개의 자음 중 하나로 발음되며, 11, 12, 14DAY에서 배운 것처럼 대표음으로 발음됩니다.

① 겹받침 'ㄳ, ㄵ, ㄼ, ㄽ, ㄾ, ㅄ'은 낱말의 끝이나 자음 앞에서 앞에 있는 자음으로 발음됩니다. 예 본책 110쪽 값[갑]

> **예외** '밟-'의 경우 자음 앞에서 [밥]으로 발음되고, '넓-'의 경우 '넓적하다' 등은 [넙]으로 발음됩니다.

② 겹받침 'ㄺ, ㄻ, ㄿ'은 낱말의 끝이나 자음 앞에서 각각 [ㄱ, ㅁ, ㅂ]으로 발음됩니다. 예 본책 111쪽 읊다[읍따]

> **예외** 겹받침 'ㄺ'은 'ㄱ' 앞에서 [ㄹ]로 발음됩니다.

　아이에게 서로 다른 두 개의 자음으로 이루어진 받침은 둘 중 하나로만 소리 난다는 것을 알려 주세요. 그리고 쓸 때에는 받침 두 개를 모두 쓸 수 있도록 해 주세요.

27DAY

116~117쪽

1 1 아니에요 　 2 안 　 3 않았다
　　 4 돼

2 1 돼 　 2 뭐예요 　 3 물이에요
　　 4 되었으면 　 5 않기로

3 1 중학생이에요 　 2 돼 　 3 되면
　　 4 안 　 5 않았더니

4단 받아써

1	다시		만나게		돼서		기뻐	.
2	새로		산		선풍기예요	.
3	떡을		먹지		않는다	.
4	짝이		빌려준		책이에요	.
5	경찰관이		되고		싶어요	.

28DAY

120~121쪽

1 1 깨끗이 　 2 조용히 　 3 같게
　　 4 웬 　 5 왠지

2 1 거야 　 2 왠지 　 3 연락할게
　　 4 가까이 　 5 가만히

3 1 왠지 　 2 곰곰이 　 3 줄게
　　 4 거야 　 5 웬

4단 받아써

1	손을		깨끗이		씻어요	.
2	왠지		기분이		좋아	.
3	매일		일기를		쓸		거야	.
4	웬		비가		이렇게		오니	?
5	노래를		열심히		불러요	.

29 DAY

122~123쪽

1	둘러앉아	2	젊어지는
3	안	4	간호사예요
5	깨끗이	6	거야
7	끊임없이	8	넓은
9	앉았다	10	되면
11	거예요	12	괜찮지
13	탈게	14	왠지
15	짧게	16	돼
17	얇은	18	핥아
19	맑구나	20	웬

실전 받아쓰기

1. 고양이가 담 위에 올라앉다.
2. 손수건을 잃어버리면 안 돼.
3. 웬 젊은이가 찾아왔어요.
4. 열심히 노력하면 될 거야.
5. 나는 빨간색을 싫어해.
6. 시를 읊으며 강가를 걸었다.
7. 주인이 값을 깎아 주었구나!
8. 드넓은 잔디밭에 앉았다.
9. 형의 몫도 남겨 놓았어.
10. 넓적하게 생긴 돌을 주웠다.

30 DAY

124~125쪽

종합 받아쓰기 1회

1. 빗자루로 낙엽을 쓸었어요.
2. 베개와 담요를 올려놓다.
3. 참외 껍질을 깎아 주셨다.
4. 곧장 밖으로 나가 보았다.
5. 촛불을 켜고 샅샅이 찾아봐.
6. 집게를 사용하면 더 편리해.
7. 냇물에 발을 담그니 상쾌해.
8. 계속 쫓아오면 어떻게 하니?
9. 목걸이를 잃어버려서 속상해.
10. 정류장에서 다섯 시에 만나.

종합 받아쓰기 2회

1. 금방 싫증을 내면 안 돼.
2. 반드시 계획표대로 할 거야.
3. 어제 아빠와 뒷산에 갔니?
4. 스티커를 붙였다가 떼었다.
5. 여럿이 연필을 나누어 갖다.
6. 발가락을 다쳤지만 괜찮아.
7. 끊임없이 얘기를 하였습니다.
8. 마침내 물고기를 낚았어요.
9. 구겨진 옷을 열심히 다렸다.
10. 공원에서 비눗방울을 불었다.

15

126쪽

127쪽

어머, 이건 너야.
초 1, 2를 위한 기적특강 솔루션

6×7은? 어...음..사십....이?
외워도 외워도 헷갈리는 구구단.
무작정 외우면 버벅대기 십상이지.
원리이해, 과학적 반복설계에
슈퍼액션 동영상까지 구구단 암기 비법 총동원!

툭 치면 바로 나오는 구구단 | 값 12,000원

"지금 몇 시지?
음... 긴바늘이 6에 있고 짧은 바늘은...
진땀 나는 시계 보기.
내가 만든 시계로 연습해서 바로 대답하자.
시계 보기부터 시간 감각까지 한 번에 마스터!

딱 보면 바로 아는 시계보기 | 값 12,000원

공포의 받아쓰기 시간, 으~ 떨려.
받침이 뭐였더라? 어떻게 쓰더라?
소리 나는 대로 쓰면 안 된다 하셨지!
자꾸 읽고, 여러 번 써 보자.
기적쌤의 촌철살인 맞춤법 찐소리 특강 대방출!

맞춤법 절대 안 틀리는 받아쓰기 | 값 12,000원

• 교과 학습에서 생긴 걸림돌을 •

쉽고 빠르게 마스터하자

기적
특강

기적특강 은 주제별 단기 완성 교재입니다.

초등학생들이 특히 어려워하고 자주 틀리는 학습 주제만 쏙쏙 뽑아서 집중 공략해요!

유쾌한 기적쌤의 생생하고 특별한 강의로 쉽고 빠르게 실력을 훅 끌어올릴 수 있습니다.

공부 자신감 충전에 꼭 필요한 주제를 단기간에 완벽하게 마스터하는 기적특강 시리즈로

학습의 걸림돌을 가뿐히 뛰어넘어 보세요!

이 책의 주인은

_____ 입니다.

제 품 명 : 맞춤법 절대 안 틀리는 받아쓰기
제조사명 : 길벗스쿨
제조국명 : 대한민국
전화번호 : 02-332-0931
주   소 : 서울시 마포구 월드컵로
            10길 56 (서교동)
제조년월 : 판권에 별도 표기
사용연령 : 8세 이상
KC마크는 이 제품이 공통안전기준에
적합하였음을 의미합니다.

값 12,000원

ISBN 979-11-6406-484-7 63710